ジュニアサッカー

クーバー・コーチング
キッズの
トレーニング集

ボールマスタリー
100

[著] クーバー・コーチング・ジャパン
COERVER COACHING JAPAN

KANZEN

サッカーに必要な要素が

　ボールマスタリーはサッカーの基礎です。神経系の発達が著しいゴールデンエイジは特にスキルの向上に時間が割かれるべきと考えています。ゴールキーパーをふくめ、ポジションに関係なく、すべての選手が同様のスキルセットを身につける必要があります。

　この本を読んでいる方はチームに所属している方もいますよね。チームはどんな戦い方をしていますか？　攻撃はドリブル中心とか、パスワークで相手を突破していくとか、全体のポジショニング重視など、それぞれの方針があると思います。しかし、どんな戦術やシステム、フォーメーションを採用しようとも、最終的には個人とスモールグループプレーによりその成否で決まると私たちは信じています。

　スキルを持った選手が必要であることは、どのチームでも共通していることでしょう。

つまったボールマスタリー

チームの練習は時間が限られています。「練習が足りない」と感じたら、自主練で補いましょう。自主練はボールマスタリーをおすすめします。なぜなら、すきま時間と狭いスペース、ボール一球あれば手軽にでき、スキルアップが見込めるからです。

本書で紹介するボールマスタリーの中に「憧れのスター選手の動きと似ている。自分もできるようになりたい！」というメニューを見つけたら、それから自主練をはじめてみるのはいかがでしょうか？

クーバー・コーチングとは

1970年代後半、オランダ人指導者、ウィール・クーバーが、革命的なサッカーの指導法を開発しました。もともと彼は、当時のプロの試合から見えてくる、技術の欠落したプレースタイルに満足していませんでした。ファンを魅了するには、テクニックを生かしたサッカーが確立されなければならないと考え、そのために個人技術を磨く指導に至りました。

当初のクーバーの指導は、ボールマスタリーや1対1のテクニックの指導をメインに行うもので、スタンレー・マシューズやヨハン・クライフ、ペレのようないつになっても色あせない、優れた動きをする選手のプレーを見習うよう選手たちに促すものでした。そうして1984年、ウィール・クーバーの考えに触発され、アルフレッド・ガルスティアンとチャーリー・クックが設立したのが、現在世界中で知られている「クーバー・コーチング」です。

以後、クーバー・コーチングは世界40ヶ国以上においてグローバルサッカー教育ネットワークとなりました。1984年以降、世界中で百万人以上の選手と千人以上のコーチがクーバー・プログラムにかかわっています。

現在、クーバー・コーチングは、特に5〜16歳の若い選手たちや、その年代のコーチや先生方に適したサッカー技術指導方法の先駆けとして広く認められています。2010年、アディダス社はFIFAの社会貢献活動である"Football for Hope"のプログラムにクーバー・コーチングを採用しました。

基本理念

- ● ボールマスタリーはサッカーの基礎
- ● スキル向上にフォーカス（特にゴールデンエイジ）
- ● ポジションに関わらず全ての選手は同様のスキルセットを身につける
- ● クーバー・ホームプラクティスはチームトレーニングを補う重要なもの
- ● スターモデル（選手＆チーム）は若い選手たちにとってのモデルとなり刺激となるコンテンツである
- ● どんな戦術やシステム、フォーメーションも最終的に個人とスモールグループプレーによりその成否が決まる

カリキュラム

「選手育成ピラミッド」はクーバー・コーチングのカリキュラムの一つです。本書ではその土台となる「ボールマスタリー」を紹介します。

GROUP PLAY	少人数グループでの戦術を養成。コンビネーションプレーのトレーニング。ドリブルやパスなど、すべてを組み合わせて行うプレーのこと。少人数でのグループディフェンスやファーストブレイクアタック、コンビネーションプレーなどのことをいいます。
FINISHING	得点力の強化。ゴールを狙う姿勢、シュートのタイミングなどのトレーニング。ペナルティーエリア付近での得点力の強化。ゴールを狙う姿勢、シュートのタイミング、そのための勇気や集中力を身につけます。
SPEED	考えるスピードと身体的なスピードを養成。加速力、反応のスピード、判断力を高めるトレーニング。考えるスピードと身体的なスピードの養成。ボールがある状態はもちろん、ボールがない状態でのスピードの養成も含まれます。具体的には、加速力、反応するスピード、決断力を高めるトレーニングなどを行います。
1 v 1 ATTACK + DEFENCE	ドリブルの突破力、ボールキープ力など個人の技術を養成。フェイント、ターンなどのトレーニング。突破力、ボールキープ力など個人の技術のこと。この技術を養成することで、ドリブルやパス、そしてシュート、フリーランニングをするための時間とスペースを自分でつくりだせるようになります。
RECEIVING + PASSING	パスを出したり、受けたりする技術の養成。動き方やチームプレーのトレーニング。チームプレーの技術のこと。パスを出したり、パスを受けたり、そのためにフリーランニングをするなど、サッカーはチームメイトと協力することで成り立つものです。
BALL MASTERY	ボールコントロールを上達させるすべてのプレーの基本となるトレーニング。すべてのプレーの基礎となるエクササイズ。育成ピラミッドの各段階で技術や戦術を習得する際に影響を与えます。ボールコントロールが上達するので、プレーに対する自信が生まれます。

ボールマスタリーには 4つのレベルがある

クーバー・コーチングには100種類以上の
ボールマスタリーのエクササイズが存在し、
4つの難易度に分け指導しています。

ボールマスタリーのエクササイズを行うとボールタッチの感覚が
よくなり「どのくらいの強さでタッチすれば、どのくらいボー
ルが動くのか」「足のどの部分でタッチすれば、ボールがど
のように転がるのか」を自然にイメージすることができ
ます。この感覚を身につけると、パスやシュートのと
きのキック、ファーストタッチ、相手をかわしたり、
突破したりするためのフェイントや方向転換な
ど、サッカー選手に必要な技術の習得につな
がります。また、両足を使ったエクササイ
ズが中心なので苦手な足も克服できる
ことでしょう。それでは、ボールマス
タリーピラミッドの4つのレベル
を紹介します。

Master
（達人）

Advance
（上級）

Intermediate
（中級）

Beginner
（初級）

Beginner（初級）

このブロックからエクササイズを進めていきます。サッカー選手にとって必要不可欠な基礎が詰まっています。すべてが身につくまで取り組み、頑強なピラミッドの土台を築きましょう。

Intermediate（中級）

初級のブロックより複雑で難しいエクササイズが用意されています。正確な動きを心がけながら進めていきましょう。マスターしたら少しずつスピードを上げることがポイントになります。

Advance（上級）

このレベルが攻略できればコーディネーション能力が身についています。初級の単純な動きは、すぐ再現できることでしょう。難易度の高いエクササイズのマスターにも時間を要さないはずです。

Master（達人）

このレベルに到達した選手は、試合でも自信のあるプレーで活躍できます。ファーストタッチに優れ、すばやい判断力と広い視野のあるゲームメイクのできる選手になっているでしょう。

BALL MASTERY PYRAMID

3ステップメソッド

3つの段階に分けて練習を進めていきます。簡単なことからはじめて、少しずつ負荷や難易度を高めていく方法です。3つのステップをそれぞれ紹介します。

ステップ**1**

反復
Repetition

動きをおぼえるために、くり返し練習をすることです。動画を見てすぐできる人もいるでしょう。しかし、そうでない場合、ボールタッチする順番を確認することからはじめます。

動き一つひとつをナンバリング（1→2→3→……）したり、ラベリング（右足のインサイドでタッチ→左足の裏でタッチ→……）しながら練習していきましょう。

ステップ**2**

反復 + グルーピング・複雑化
Repetition+Grouping, Complexity

動きがスムーズになり、ミスなく続けることができるようになったら、"動きを複雑化"する段階に進みます。

トータップを左右2回行ったら、ソールタップを左右2回行うなど、2種類以上のボールマスタリーを組み合わせて、難度を上げていきます。

反復 + グルーピング・複雑化+ スピード・競争

Repetition+Grouping, Complexity+ Speed, Competition

ステップ1、2で行ったボールマスタリーをより速く、正確にできるようになることを目指します。

たとえば、ミスをしないで、10秒間で何回タッチできるかや、10回タッチするのに何秒間かかるか、などと計測をしてみると楽しく取り組めます。それを複数回行い、タッチできる回数が増えるか、秒数が短くなるかに挑戦するのもおすすめです。

「きのうは10秒間で8回タッチできた。きょうは10回だった。あすの目標は11回!」など、他人と数値を比較するのではなく、自分がどう変化したかに着目しましょう。

ボールマスタリーのモデルプレイヤー

写真● Getty Images

南野 拓実

国籍	日本
所属クラブ	リバプール FC（イングランド）
生年月日	1995 年 1 月 16 日
身長	174cm

瞬発的にボールを扱い、相手のタックルをかわしゴールを奪うことができるストライカーです。密集したペナルティエリアの中でも、相手選手のプレッシャーを外すファーストタッチからシュートを決めるプレーが大きな武器です。

Takumi Minamino

リオネル・メッシ

国籍	アルゼンチン
所属クラブ	パリ・サンジェルマン FC（フランス）
生年月日	1987 年 6 月 24 日
身長	170cm

言わずと知れた世界最高のドリブラー。トップスピードにのった状態でもタッチの強さと方向がブレずに完璧なタッチで相手を抜き去ることができます。相手が追いつかない速さのフットスピードとボールコントロールは天下一品です。

Lionel Messi

世界を舞台に活躍するスタープレーヤーは、それぞれが得意技を備えています。そして、その一流プレーの多くは、ボールマスタリーに含まれている動きが基礎となっているのです。

ペドリ

国籍	スペイン
所属クラブ	FC バルセロナ（スペイン）
生年月日	2002 年 11 月 25 日
身長	174cm

"ゲームメイカー育成大国" スペインの超新星。ゲームを決定づけるパスやドリブルで相手をいなすことができるのは、周囲をよく観れているからでしょう。ボールタッチの柔軟性やボールコントロールへの自信が目線を上げながらプレーすることにつながっています。

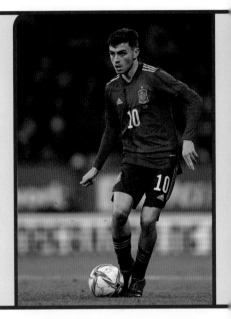

Pedri

カリム・ベンゼマ

国籍	フランス
所属クラブ	レアル・マドリード CF（スペイン）
生年月日	1987 年 12 月 19 日
身長	185cm

レアル・マドリードとフランス代表でゴールを量産しつづける世界最高峰のストライカー。仲間から供給されるクロスボールをゴールキーパーの手が届かないゴール隅に正確なワンタッチシュートを決めることができます。ボールフィーリングを獲得した選手だけがなせるプレーです。

Karim Benzema

Chapter**1** 初級 Beginner

CONTENTS

Chapter2 中級 Intermediate

Chapter 3 上級 Advance

CONTENTS

Chapter4 達人 Master

Chapter5 コンビネーション　Combination

スピードトライアル

本書の使い方

本書はキッズ年代の子どもたちが自主的に取り組める、100のボールマスタリー練習メニューを紹介しています。本を読み進めていきながらスキルアップできる構成となっておりますので、連続写真とポイント解説をあわせて、本書をご活用ください。

1 テクニックを覚える

各メニューでどんなテクニックを紹介しているかを、まずはテクニックの名前を覚えて、実戦前に自分の頭のなかでイメージしてみましょう。

2 QRコード

紹介するトレーニングメニューを動画でも確認できます。使い方の詳しい解説は次のページにをご覧ください。

3 動画を見る

すべてのメニューが動画で見ることができます。動画と写真を併用することで動きの理解につながります。③では動画の見るうえでのポイントを紹介しています。

4 動きを知る

連続写真でしっかりと動き方がわかります。ボールの動き方や体の向きなどを目で追いながら確認しましょう。

5 コーチングアドバイス

実践してもうまくいかない選手のために、成功するためのコツとして、コーチからのアドバイスを紹介しています。

6 チェックシート

次のステップに進む前にもう一度、確認したいポイントを表示しています。すべてクリアできていたら、次のステップに進みましょう。

QR コードから映像を確認しよう

本書で紹介するトレーニングメニューは、スマホやタブレットで QR コードを読み取れることで、すべて動画でも確認することができます。細かいステップワークやトレーニングの動き方を動画でもチェックしましょう。

プレー動画は
こちらから

各ページにある
QR コードにアクセス!!

動画で動き方を確認して実践してみよう!

① 本誌と連動したチャプター番号とタイトル

② 実際の動きを確認

③ コーチからの大事なアドバイスもおさえる

Chapter 1

Beginner

（初級）

Chapter1 の
プレー動画を
一気にチェック！

矢印解説

 ボールの動き ジャンプ 足の踏み込み

 人の動き ボールタッチ

#01 ソールタップ

ソールタップは、左右の足の裏で順番にボールタッチをする動き。
リズムよくボールに触れる感覚をつかもう!

1 右足の裏でボールの てっぺんをタッチ

2 軸足(左足)で地面を はねながら

コーチングアドバイス

ボールを踏むので
はなく、てっぺん
を足の裏、指のつ
け根(母指球)で
タッチする。

軸足で地面をは
ねるようにすれ
ば、リズムにのっ
たすばやいボー
ルタッチをくり返
すことができるよ
うになる。

プレー動画は
こちらから

ココに注目！

**ボールのてっぺんを
やさしくタッチ**

ボールのてっぺんをやさ
しくタッチして、ボール
をあまり動かさずに、連
続して行う。

3 左足の裏がボールの
てっぺんをタッチ

4 今度は右足で地面をはねる

 できるだけボールを動かさない

軸足で地面をはねながら、リズムよく、ボールのてっぺんを
やさしく足の裏でタッチできていれば、ボールは動かずにそ
の場で連続してできる。

#02 トータップ

体の真下で右足と左足のインサイドで順番にボールをタッチ！
インサイドのタッチ感覚を覚えるトレーニング。

1 右足のインサイドでタッチ

2 左足のつま先で軽くステップ

コーチングアドバイス

上半身を起こして胸を張る。肩の力を抜いて、ときどき目線を上げながら行う。

ひざを軽く曲げて、つま先立ちで走るようにステップし、左右のインサイドで連続して行う。

プレー動画は
こちらから

ココに注目！

**ボールを真横に
連続タッチ！**
インサイドの面でボール
の中心を真横からタッチ
して感覚を覚える。

3 左足のインサイドで
真横にタッチ

4 走るような流れで
体の幅で行う

 姿勢よく！　リズムよく！

軽くひざを曲げて、つま先立ちで走るようなステップで行う。
インサイドの中心で、ボールを真横にタッチするとよい。姿
勢よく、リズムよく、ときどき目線を上げよう。

#03 トータップ＆ストップ

左右の足のインサイドでリズミカルにボールタッチするトータップ。
足の裏でボールを止める動きとの組み合わせ！

1 右足のインサイドでボールをタッチ

2 左足のインサイドでタッチ

3 右足のインサイドでタッチ

コーチングアドバイス

ボールを止めるときは、足の裏で踏みつけるのではなく、やさしく触れるようにする。

足の裏でボールを止めたら、すぐに同じ足のインサイドを使ってボールタッチをスタートする。

プレー動画は
こちらから

ココに注目！

**地面に足がつく前に
同じ足でタッチ**

ボールを止めたら、次の
タッチは地面に足がつく前
に同じ足でタッチする。

4 左足の裏で
ボールを止める

5 左→右→左の
インサイドでタッチ

6 右足の裏でボールを止める

☑ 一連のリズムでタッチしよう

足の裏→インサイドでのトータップ→反対の足の裏でボール
を止める。タッチの感覚を覚えながら一連のリズムでスムー
ズにできるようにしよう。

#04 テイクストップ

アウトサイドを使って外側にボールを動かし、同じ足の裏で止めるトレーニング。

1 右足のアウトサイドで外側にボールを動かす

2 右足の裏でボールを止める

3 右足を外側に大きく踏み込む

コーチングアドバイス

ボールを止めた足をできるだけ外側につくようにすると、次のアウトサイドのボールタッチがしやすい。

外側に踏み込んだ足は突っ張らずに、ひざを柔軟に使うと連続した動きをスムーズにすることができる。

プレー動画は
こちらから

**ボールを止めたら
外側に大きく踏み込む**

ボールを止めたらひざを
柔らかくして外側に大きく
踏み込み、アウトサイドで
真横に押し出す。

4 左足のアウトサイドで
外側にボールを動かす

5 左足の裏でボールを止める

6 左足を外側に大きく
踏み込む

☑ アウトサイドで方向を変えるタッチ

アウトサイドでタッチするとき、軸足のひざを軽く曲げて柔
軟に使えているか確認しよう。ボールタッチは強すぎず、す
ぐに足の裏でタッチできる場所に置くことが連続して行うポ
イント。

#05 トータップ・ストップテイク

トータップ＆ストップにアウトサイドのタッチを組み合わせたトレーニング。
ゆっくりしたテンポからはじめてみよう！

1 右足のインサイドで
ボールタッチ

2 左足のインサイドで
タッチ

3 右足のインサイドで
タッチ

コーチングアドバイス

トータップ＆ストップのときは、ボールを足の裏で踏むのではなく、やさしく触れるようにする。

足の裏でボールをストップしたら、すぐに同じ足のアウトサイドでタッチする。

プレー動画は
こちらから

ココに注目！

基礎タッチの感覚を
養う

インサイド、アウトサイド、
足の裏のボールタッチ感
覚を養う。

4 左足の裏でボールを
止める

6 左足のインサイドで
タッチして、くり返す

5 左足のアウトサイドで
ボールを横にタッチ

 ひざを柔軟に使ってボールタッチ

インサイドと足の裏でリズムよくボールタッチして、アウトサイドで横にタッチ。そのとき、軸足のひざを柔軟に使い、タッチの強さに気をつけ、横へ移動する。

#06 トータップテイク

左右の足のインサイドで順番に3回タッチしてから、アウトサイドでボールタッチ。
リズムよく決めてみよう！

1 右足のインサイドでボールをタッチ

2 左足のインサイドでタッチ

3 右足のインサイドでタッチ

コーチングアドバイス

3回目のインサイドのタッチのあとで、すぐに反対の足のアウトサイドでタッチしよう。

アウトサイドで外側へタッチしたら、軸足もその動きに合わせて外側へステップする。

プレー動画は
こちらから

プレー動画は
こちらから

ココに注目！

**アウトサイドに移る
ときにひざに注意**

反対の足のアウトサイド
で外側へタッチするとき、
軸足もひざを柔らかくし
てステップ。

4 左足のアウトサイドで
タッチ

5 左足のインサイドから、
この流れをくり返す

☑ **インサイドとアウトサイドのタッチ感覚を身につける**

インサイドでボールを連続タッチ（トータップ）して、反対の
足のアウトサイドで横へ移動する。この4回の連続タッチを
スムーズにできるようにしよう。

#07 トータップ・ストップスライド

足の裏で止めたボールを外側にすべらせる「ストップスライド」をテンポよく決める練習メニュー。

1 右足のインサイドでボールをタッチ

2 左足のインサイドでタッチ

3 右足の裏でボールを止める

コーチングアドバイス

足の裏でボールを止めるのと同時に軸足で地面を軽くはねて、リズムよくやってみよう！

スライドはインサイドに吸いつけるようにしてボールのてっぺんから足をすべらせる。

プレー動画は
こちらから

ココに注目！

**姿勢をよくして
リズミカルに！**

背中を丸めずに胸をはっ
て、姿勢よく、体のバラン
スを意識する。

4 右足の裏からインサイドで
ボールの外側をすべらせ

5 すぐに右足のインサイドで
ボールを左足へ

6 左足のインサイドでタッチ、
これをくり返す

 軸足で地面を軽くはねながらスライドする

足の裏でボールを止めて、てっぺんから外側へスライドしな
がらタッチする（ストップスライド）とき、ボールにのるイメー
ジから、軸足で地面を軽くはねながらできるといい。

#08 スライド

足の裏ですべらせるようにボールを外側に転がして、インサイドで止めるトレーニング。

1 右足の裏でボールのてっぺんをタッチ

2 右足の裏でボールを外側にすべらせる

3 右足のインサイドでボールを止める

コーチングアドバイス

スライドは、ボールのてっぺんから足を外側にすべらせて、インサイドにボールが吸いつくイメージでタッチする。

足を外側にスライドさせたあと、インサイドでボールをしっかり止める。

プレー動画は
こちらから

ココに注目！

つま先立ちで
小刻みにジャンプ

リズムよく続けるために、
つま先立ちになって小刻
みにジャンプしながら行
う。

| 4 | 左足の裏でボールの
てっぺんをタッチ |

| 5 | 左足の裏でボールを
外側にすべらせる |

| 6 | 左足のインサイドで
ボールを止める |

 ずっと足にくっついている感覚がある

ボールを足の裏で外に転がしてインサイドで止めるまで、ずっ
と足にくっついている感覚で行う。また、ボールを止めたら
ときどき目線を上げられるとよりよい。

#09 ロールアップ インサイド

足の裏からインサイドまでを使って、ボールの押し出しと引きもどしを連続して行うためのトレーニング。

1 右足の裏でボールを斜め後ろに引く

2 右足のインサイドで止める

コーチングアドバイス

ボールを足の裏からインサイドの面でタッチして足に吸いついているように離さずにタッチする。

軸足で地面をはねながらボールタッチを行うとリズム感がうまれる。

プレー動画は
こちらから

ココに注目！

**目線を上げて
テンポよく！**

ボールに意識が集中す
ると姿勢が悪くなるた
め、目線を上げてテンポ
よく行う。

3 右足のインサイドで
前に押し出す

4 右足の裏で止める、
これを片足でくり返す

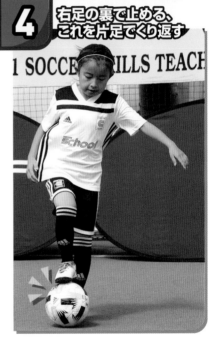

 片足立ちになるため、バランスをくずさない！

ロールアップインサイドを行うとき、片足（軸足）で軽くはね
ながら行うため、目線を上げながら、手でもバランスをとり
ながらテンポよく行う。

#10 ロールアップ アウトサイド

#09のメニューをアウトサイドで行う。ボールを足に吸いつけながら、軸足で地面をはねてリズムをとるのは同じ!

1 右足のアウトサイドでボールを横に押し出す

2 右足の裏でボールを止める

コーチングアドバイス

ボールが足から離れないように動かすのが大切になる。ボールが足に吸いついているイメージをもとう。

軸足はひざを柔らかくして、地面をはねるようにするとリズムよくできる。

プレー動画は
こちらから

ココに注目！

**いい姿勢を保って
軽快にはねる！**

一定のリズムで、目線を
上げて、姿勢をよく、バ
ランスを保ってはねる！

3 右足の裏でボールを
引きもどし

4 右足のアウトサイドで
ボールをタッチ

 片足立ちでバランスよく

ロールアップアウトサイドを行うとき、軸足で地面を軽くはね
続けるため、手でもバランスをとりながら、ボールをさわる
感覚を養う。

#11 ヒールトーロール

つま先からかかとまで使ってボールを前後に動かす。
ボールはなでるようにさわり、テンポよく行う。

1 左足のつま先で
ボールをタッチ

2 左足の裏でボールを
前に転がす

コーチングアドバイス

つま先からかかとまで、ボールが足の裏から離れないように転がそう。

足の裏でボールを転がすタイミングと軸足で地面をはねるタイミングを合わせてリズミカルに行う！

プレー動画は
こちらから

ココに注目！

**足の裏の角度に
注意する！**
ボールを足の裏で転が
すとき、できるだけ地面
と足が水平になるよう
に気をつける。

3 左足のかかとでタッチ

4 左足の裏でボールを
後ろに転がす

 軸足で軽く跳ねながらバランスをくずさない

足の裏のボールタッチの感覚をよくする「ヒールトーロール」。
ボールタッチしながら軸足で地面を軽くはねる。ときどき目
線を上げて、バランスをくずさないように気をつけよう。

#12 インサイド・アウトサイドロール

インサイド、足の裏、アウトサイドまで使って、横方向にボールが転がし、
タッチ感覚を身につけよう。

1 右足のインサイドでボールタッチ

2 右足の裏でボールを横に動かす

コーチングアドバイス

インサイドから足の裏、そしてアウトサイドまで、ボールと足が離れないように行うことが重要。

軸足で地面をはねながら行うことでボールタッチにリズム感がうまれる。

プレー動画は
こちらから

ココに注目！

**ボールにタッチする
足首は柔軟に**

足首を柔らかく使うと、タッチしたボールは足に吸いつくように感じられる。

3 右足のアウトサイドでボールを止める

4 右足のインサイドでタッチ。これをくり返す

 足全体のタッチの感覚を養う

インサイドから足の裏、そしてアウトサイドまで、足全体のタッチの感覚を養う。そして、片足立ちの軸足で地面を軽くはねながら、リズムよく、バランスをくずさないようにしよう。

#13 ロールオーバー

足の裏で左右にボールを転がすトレーニング。両足を順に使う連続ワザ。

1 右足の裏を使ってボールを左側へ転がす

2 足をクロスさせ、右足はボールの先につく

コーチングアドバイス

足の裏で反対方向へボールを転がしたら、両足がクロスするのが正しい動きとなる。

ボールにタッチしているときは片足立ちになるので、バランスを保ちながら姿勢よく行えるように意識する。

プレー動画は
こちらから

ココに注目！

**体重移動しならがら
転がす**

足の裏でボールを転がす
とき、できるだけ長くボー
ルに触れ、体重移動をし
ながら行う。

4 左足の裏でボールを止めて、
そのまま右側へ転がす

5 足をクロスさせ、左足は
ボールの先につく

6 右足の裏でボールを止めて、
そのまま左側へ転がす

 両足で同じように転がす！

テンポよく両足を使ってボールを転がすには、両足で同じよ
うにタッチして、同じ距離間で移動できるように意識して行
うといい。

#14 インサイド・アウト サイドロール・オーバー

両足のインサイドとアウトサイドを使ってリズムよく跳ねるようにボールを左右に転がしていく。

1 右足のインサイドでボールをタッチ

2 右足の裏でボールを転がし、アウトサイドで止める

3 右足の裏でボールを転がし、インサイドで止め

コーチングアドバイス

足首を左右に柔らかく使い、足の裏ではなくインサイド・アウトサイドでボールを止めるようにしよう。

ボールを動かすとき、軸足は軽くはねながら、リズムよく動いてみよう。

プレー動画は
こちらから

|ココに注目!|

**ボールを動かす
ときの注意点**

ボールを動かすときの足首
（横から足の裏が見えてい
る）と軸足の動きに注意し
よう。

4 右足の裏でボールを
左側へ転がす

5 反対の左足のインサイドで
ボールを止めて……

6 左足でインサイド・アウト
サイドロールを行う

 ボールを動かすときは足をクロスさせる

足首を柔軟に使いインサイド・アウトサイドでボールを止め
る。ボールを動かすときは、足をクロスさせると次の動きが
スムーズに、リズムよく連続してできる。

#15 トータップ&スラップ

左右のインサイドで2回タッチして、3回目にスラップ（足の裏でボールを横に転がす）する。

1 右足のインサイドでボールタッチ

2 左足のインサイドでボールタッチ

3 右足の裏でボールをタッチして……

コーチングアドバイス

足の裏でボールを転がすスラップをするときに、足のひざを軽く曲げて、ボールの上からタッチして、軸足方向へ転がす。

スラップするときにボールを長く触って転がし、左右の足をクロスさせると重心移動がスムーズにできる。

プレー動画は
こちらから

ココに注目！

**すばやく足を
踏みかえる**

ボールを転がしたあと、
足をクロスさせて、すぐに
足を踏みかえて次のタッ
チに備える。

4 ボールを左側へ足の裏で
ゴロリと転がす

5 左足→右足の順に
インサイドでタッチして

6 左足の裏でボールを
スラップ

 ボールを真横に動かす

スラップするボールを真横に動かして、体からボールが離れ
ないようにすると、反対の足ですばやくボールタッチするこ
とができる。

#16 テイクシザーズ

アウトサイドのタッチからボールをまたぐ、シザーズフェイントの基本練習。
両方の足でチャレンジしてみよう!

1 右足のアウトサイドでタッチし

2 右足でシザーズ（ボールをまたぐ）

コーチングアドバイス

アウトサイドのタッチは強くせずやさしくタッチして、シザーズのときにボールをまたぎやすくする。

シザーズする足は地面の近くで、ボールの横から前へすばやく動かすイメージでまたぐ。

プレー動画は
こちらから

ココに注目！

**ボールをよく見て
またぐ**

ボールの動きに合わせて、
ボールをよく見て、またぐ
足のスピードを大切にしよ
う。

3 シザーズした右足を
地面につく

4 左足のアウトサイドでタッチ

5 左足でシザーズ
（ボールをまたぐ）

6 シザーズした左足を
地面につく

 ボールをまたいで反対方向へ動かす

テイクシザーズは、アウトサイドでボールを持ち出すと見せか
けて、一度ボールをまたぎ、ボールは反対方向へ動かすフェ
イント。この動きを覚えて、両足で同じようにできるようにし
よう。

#17 テイクストップ ステップオーバー

アウトサイドでタッチしたボールを止めたら、ステップオーバーのフェイントを仕掛けてみる。

1 左足のアウトサイドでタッチ……

2 左足の裏でボールを止める

3 右足を大きく振りかぶり……

コーチングアドバイス

アウトサイドのタッチは弱めにする。タッチが強いと、ステップオーバーをスムーズにできない。

ステップオーバーでまたぐ足は地面の近くで、すばやく動かす。ボールの上ではなく横から前に足をまわす。

プレー動画は
こちらから

ココに注目！

**インサイドで
ボールを触るように**

シザーズはアウトサイド
で、ステップオーバーはイ
ンサイドでボールを触る
ように見せる。

4 ボールに触らず
ステップオーバーをする

5 ステップオーバーした足を
地面につく

6 右足のアウトサイドでタッチ
して反対の足でくり返す

☑️ **重心移動をスムーズにやろう**

アウトサイドでタッチしたあと、すばやく足の裏でボールを
止めて、ステップオーバーする。連続して両足で同じように
リズムよくやろう。

#18 テイクステップオーバー

アウトサイドでタッチしたら、止めず、すぐにステップオーバーのフェイントを仕掛ける。両方の足でチャレンジしよう！

1 右足のアウトサイドでボールをタッチ

2 左足でステップオーバーをする

3 ステップオーバーした足を地面につく

コーチングアドバイス

ボールをアウトサイドで押し出すときのタッチを弱めにすると、ステップオーバーをスムーズにできる。

ステップオーバーでまたぐ足は地面の近くですばやく動かす。ボールの上ではなく横から足をまわす。

プレー動画は
こちらから

ココに注目！

**またぐ足だけではなく
軸足の動きも大切**

すばやい連続したフェイントを仕掛けるには、軸足をつっぱらずにひざの動きを柔らかくする。

4 左足のアウトサイドでタッチ

5 右足でステップオーバー

6 ステップオーバーした足を地面につく

 あまり動かずその場でプレー

アウトサイドでタッチして、ボールを止めずにすばやくステップオーバーする。あまり動きすぎずにときどき目線を上げて、自分の場所を確認しながら、その場でプレーできるように意識しよう。

#19 テイクストップランジ

アウトサイドのタッチと外側に踏み込む動きを取り入れた練習。
しっかりマスターしてフェイントに役立てよう。

1 右足のアウトサイドでボールタッチ

2 右足の裏でボールを止める

3 左足でタッチする前に外側へステップ

コーチングアドバイス

アウトサイドのタッチはボールに軽く触れるイメージで、強くタッチしすぎないように気をつけよう。

「ランジ」は、大きく横に踏み込む動作のこと。アウトサイドでボールタッチする動きから、ボールを足の裏で止めて、外側へ大きく踏み込む！

プレー動画は
こちらから

ココに注目！

**リズミカルな
ステップワーク！**
軸足もボールの動きに合
わせてテンポよくステップ
を踏むことも、連続した
動きのポイント。

4 左足のアウトサイドでタッチ

5 左足の裏でボールを止める

6 ボールを止めた左足を外側へステップ

 しっかりステップを踏んで、アウトサイドでタッチ

アウトサイドで押し出すタッチの強さに気をつけながら、しっ
かりステップを踏んで、両足で同じようにできるようにしよう。
また、足の裏でボールを止めないパターン（動画のみ）もやっ
てみよう。

#20 片足カットドリブル

インサイドやアウトサイドで交互にすばやくボールタッチ。ボールの横を切るようにタッチするカットの感覚をつかもう。

1 左足のインサイドでボールをカット

2 軸足をステップして左足のアウトサイドでカット

コーチングアドバイス

ボールの横を切るようにタッチして、体の前を横切るようにすること。

軸足を柔らかく、細かくステップして、連続してボールタッチする。

プレー動画は
こちらから

ココに注目！

**ワンステップで
横移動**

ボールタッチの強弱に
気をつけて、ワンステッ
プで横に移動できる距
離感でタッチしよう。

3 再びステップして、
左足のインサイドでカット

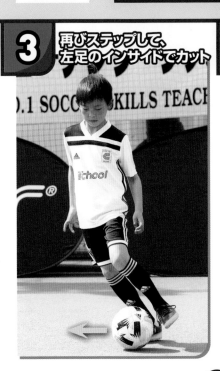

4 すぐに同じ足のアウトサイド
でカット

 ボールの移動に合わせて、軸足をステップ

インサイドとアウトサイドで交互にボールをカットして、横方
向に転がす。ボールの移動に合わせて、軸足をリズムよくス
テップしながら行う。

#21 両足カットドリブル

両足で行うカットドリブル！ 右足と左足でボールタッチとステップを交互にリズムよくやってみよう！

1 右足のインサイドでボールをカット

2 すぐに反対の左足のアウトサイドでカット

コーチングアドバイス

インサイドでボールをカットしたあと、すぐに反対の足のアウトサイドでカット。両足の4つのタッチを1セットとしてリズムよく行う。

軸足もボールの動きに合わせて軽やかにステップして、ボールが体から離れないように一緒に移動する。

プレー動画は
こちらから

ココに注目！

軽快なステップを踏む

インサイドから反対の足のアウトサイドへ。この流れをスムーズに行う。

3 横にステップして、左足のインサイドでカット

4 すぐに右足のアウトサイドでカットして横へステップ

☑ **ステップとボールタッチしながら目線を上げる！**

リズムよくステップしながら、インサイドとアウトサイドでボールをカットして、体の目の前で動かす。ステップとボールタッチに集中しすぎずに、ときどき目線を上げながら行う。

#22 アウトサイド・ロール アップ・プルアクロス

アウトサイドでボールをなでるように外側へ押し出すトレーニング。

1 右足のアウトサイドの タッチ

2 右足のアウトサイドで なでるように押し出す

3 右足の裏で止める

コーチングアドバイス

つねにボールが足にくっついていることを意識しながら、アウトサイドでボールを外側に押し出す。

ボールを外側へ押し出したあとは、足の裏でボールの表面を引っかくようにして反対側の足もとに転がす。

プレー動画は
こちらから

ココに注目！

**ボールタッチの
感覚を意識する**

スピードよりも、アウトサ
イドでゆっくり押し出す感
覚を大事にしよう。

4 ボールを体の前を
通過させて……

5 左足のアウトサイドで
なでるように押し出す

6 左足の裏で止めて、
内側へ転がす

 足に吸いつくようにボールを扱う

アウトサイドから足の裏を使ってボールを動かすとき、足から
ボールが離れず、吸いつくようにタッチしよう。また、両足と
もに同じように使えるようにしよう。

#23 インサイド・アウトサイドロールアップ

これまでにトレーニングした、インサイド、アウトサイド、そして足の裏のワザを組み合わせ、片足で挑戦しよう！

1 右足のアウトサイドでボールを外側へ転がす

2 右足の裏で止める

3 内側へ引きもどすように転がす

コーチングアドバイス

アウトサイドとインサイドでボールを押し出すときは、ボールが足から離れない柔らかいタッチで！

タッチするたびに軸足を踏みかえて、ボールを押し出す方向に軸足をステップしよう。

プレー動画は
こちらから

ココに注目！

**軸足のステップで
テンポをとる**

連続した動きは、軸足を
踏みかえることによって
テンポよくリズミカルに
できる。

4 右足のインサイドで
ボールを軸足側へ転がす

5 右足の裏で止める

6 内側へ引きもどすように
転がす

 片足で連続タッチを柔らかく

片足でバランスをとりながら、アウトサイド→足の裏、インサイド→足の裏の連続タッチを足からボールを離さずに、柔らかくできるようになろう。

#24 トータップ・ストップ テイクスキップ

トータップの動きにソール・イン・アウトのタッチをプラス！

1 左足からのトータップを 5回

2 右足の裏でボールを止める

3 そのまま右足のアウトサイドでボールタッチ

4 もう一度右足の裏でボールを止める

コーチングアドバイス

足の裏からのコンビネーションの動きを軸足で軽くはねながらやってみよう。

ボールの中心をタッチし、横に動かす。ボールが前後に動かないようにしよう。

プレー動画は
こちらから

ココに注目！

軸足の動きを
チェック！

足の裏でボールを止めた
ときジャンプしている（ス
キップのように）

5 左足でジャンプして、
右足は上げるように

6 ジャンプと同時に左足の
インサイドでボールタッチ

7 右足からの5回の
トータップをくり返し

8 左足の裏でボールを止めて、
反対の足でくり返す

 まずはゆっくりと一連の動きを行う

アウトサイドのタッチから足の裏でボールを止める。そのあ
とに、止めた足を地面につけずにインサイドのダブルタッチ
をする。慣れるまでは、この一連の動きをゆっくりやろう。

#25 トータップ・ストップスキップ

トータップの動きに足の裏でのタッチを加え左右にボールを動かそう!

1 左足からのトータップを5回

2 右足の裏でボールを止める

3 左足でジャンプ、右足を軽く上げる

コーチングアドバイス

両足のタッチの強さを一定にして、できるだけ同じ場所で続けてみよう。

トータップから、足の裏でボールを止めインサイドでボールをはじくようにタッチして、次のトータップを開始する。

プレー動画は
こちらから

ココに注目！

**ジャンプ→タッチの
タイミング！**

足の裏でボールを止め
たときにボールにのるイ
メージでジャンプし、空中
でボールタッチ。

4 ジャンプと同時に左足の
インサイドでボールタッチ

5 右足のインサイドで
ボールを止める

6 再び、右足からの
トータップを5回、くり返す

 タッチの強さを一定にすると連続して続けられる

左右両足のインサイドのタッチの強さを一定にして、動きを
くり返す。そのタッチが大きくならなければ、足の裏でのストッ
プからバランスをくずさずに、次のトータップを開始できる。

ストップスキップ・ビハインド・カットドリブル

#26

カットドリブルに、ボールを止める・スキップ・体を回転させる動きを
プラス！　両方向の回転をマスターしよう

1 左足のインサイドでボールタッチ

2 右足のアウトサイドでタッチ

3 右足の裏でボールを止める

コーチングアドバイス

ボールを足の裏でタッチしながら、反対の足を軽くはねて、インサイドでタッチできていればOK。

回転する方向（時計回り）を間違えないように気をつけよう。

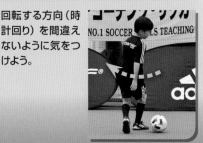

プレー動画は
こちらから

！ココに注目！

**ボールの先に
着地する**

ストップスキップのあと、
ボールの先に着地してそ
の足を軸に回るとスムー
ズにできる。

4 左足でジャンプと同時に
インサイドでタッチ

5 ボールは右足（軸足）の
後ろを通す

6 時計回りに回転して左足の
インサイドでタッチ

  **ボールタッチしたら、すばやくターン！**

足の裏でボールを止めたあと、ボールにのるようにし、すぐ
に反対の足のインサイドでタッチして、すばやく時計回りに
ターンをできるようにしよう。

#27 プルプッシュV・アウトサイド

ボールをV字にコントロールする。アウトサイドキックを正確に行うトレーニング。

1 左足少し前のボールを右足の裏でボールにタッチ

2 そのまま右足の裏でボールを右ななめ後ろに引く

3 右足のアウトサイドでボールを右ななめ前へ

コーチングアドバイス

アウトサイドでななめ前に出すタッチの強弱に気をつける。反対の足の裏でボールをつかめる距離感をみつけよう。

軸足を柔軟に使うように心がけ、ボールを引くときに軸足を後ろにステップして、左右の足をすばやく連動させる。

プレー動画は
こちらから

ココに注目！

**アウトサイドで
V字を描く**

つま先を内側に向けて、
アウトサイドにしっかり当
てて、ボールの動きでV
字を描く。

4 左足の裏でボールに
タッチ

5 そのまま左足の裏でボールを
左ななめ後ろに引く

6 左足のアウトサイドで
ボールを左ななめ前に

7 右足の裏でボールにタッチ

  **軸足をはねながらリズムよく！**

アウトサイドのボールタッチは、次の動きがスムーズにでき
る強さにする。軸足をはねながらリズムよく、ときどき目線
を上げながらできるようにしよう。

#S01 トータップでチャレンジ!

プレー動画は
こちらから

進め方
① ボールを体の真ん中に置く。② その場で10秒間「トータップ」を行う。③ 何回できるか数える。

アドバイス
① 姿勢よく、ときどき目線を上げる。② インサイドの面で真横にタッチ。③ タッチの強弱に気をつける。④ スピードトライアルをチャレンジする前に、ノートに自分目標を立てたり、結果を記録して次回更新できるようにしたりして、自分の成長を確かめながらやってみよう。

参考ページ ≫≫ #02トータップ（22ページ）

ときどき目線を上げる

できるだけたくさんボールタッチしたいと思い、ついボールを見てしまうが、ときどき目線を上げて、周りを確認しながらやってみよう。

そのほかのボールマスタリーでもやってみよう

#01　ソールタップ（20ページ）　　#44　プルプッシュ（108ページ）
#08　スライド　　（34ページ）

Intermediate

(中級)

Chapter2 の
プレー動画を
一気にチェック！

矢印解説

 ボールの動き　 ジャンプ　 足の踏み込み

 人の動き　 ボールタッチ

両足プルプッシュV ビハインド

#28

なるべく目線を上げながら軸足でステップを踏み、2種類の V の字を描いてみ
よう。

1 右足の裏をボールの上にセットし手前に引く

2 足を下ろさずにアウトサイドで外側へ押し出す

3 左足をボールの近くにステップ

4 再び右足の裏をセット

コーチングアドバイス

ボールを足の裏でコントロールしたら、軸足はスキップを踏むイメージをもつ。

軸足のかかととの後ろを通して押し出したあと、再び正面を向いている。

プレー動画は
こちらから

**タッチの強さに
気をつけよう**

押し出すタッチが弱すぎ
たり、強すぎたりすると
次の動作がしにくくなっ
てしまう。

5 ボールを後ろへ引く

6 右足のインサイドでタッチ、
軸足のかかとの後ろを通す

7 押し出したボールに
左足の裏をセット

8 左足のアウトサイドから、
同じ流れをくり返す

 はね上がるタイミングを合わせる

足の裏でボールを引くタイミングと、反対の足の軸足ではね
上がるタイミングを合わせる。また、途中で後ろ向きにならな
いように、一定方向を向き続ける。

#29 トータップ180

トータップのリズムを崩さずに、タイミングよくボールをタッチしながら反転してみよう。

1 右足インサイドから
トータップを3回

2 3回目のタッチで軸足
（左）のかかとを通す

3 ボールが移動中に左へ
180度反転

コーチングアドバイス

軸足のかかとの後ろを通すときは、タッチと同時に軸足を前に浮かせてよけるイメージ。

反転したあと、着地した足のつま先の向きも180度反転させるとスムーズにできる。

プレー動画は
こちらから

ココに注目！

**タッチの回数と
方向に注意！**

タッチの回数が左右の
反転方向で変わるので
注意しよう。

4 左足を着地し、右足から
トータップを4回

5 4回目のタッチで軸足
（右）のかかとを通す

6 ボールの移動中に右へ
180度反転をくり返す

 スムーズにすばやくターン

ひざを軽く曲げて、力まずにトータップをリズムよく行う。体
の向きを180度反転させるターンも、スムーズにすばやく
できるようにしよう。

#30 トータップ＆ステップオーバー90

トータップを3回行ったあと、ボールをまたぎ、ロールアップしながら90度回転。

1 トータップをインサイドで3回

2 右足でステップオーバーの動きでボールをまたぎ……

3 右に90度向きを変えて、右足でロールアップ

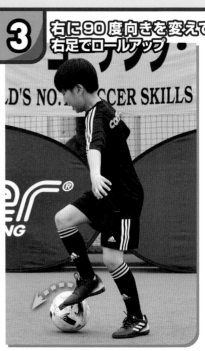

コーチングアドバイス

ステップオーバーはボールタッチ、またはキックするフリを想定したもの。ボールに沿って、地面すれすれで低くまたぐようにしよう。

ボールをまたいだあとは、またいだ足の方向へ体を急げきに変える瞬発力が必要になる。

プレー動画は
こちらから

ココに注目!

**90度向きを変える
足の運びに注意**

90度向きを変えるとき、
ボールタッチする足はロー
ルアップを、軸足は軽くは
ねる動きをしながら行う。

4 続けて、
トータップ3回から……

5 右足でステップオーバーの
動きでボールをまたぎ……

6 右に90度向きを変えて、
右足でロールアップ

 無駄のない動きでスムーズにターン

ステップオーバーするとき、足を低くしてボールをまたぐと無
駄な動きがなくなる。そこからロールアップしながら90度
のターンをスムーズに行う。

#31

アウトサイドロール＆ビハインド90

片方の足は90度ターンしながらロールアップしてかかとの後ろを通す。
もう一方はロールアップしてインサイドでタッチ。

1 足の裏でボールを外側へなでる

2 90度左にターンしながら

コーチングアドバイス

ロールアップからインサイドのタッチまで、ボールが足から離れないように、くっついているイメージでタッチする。

繊細なタッチが必要になるので、ボールばかりを見てしまいがちになる。ときどき、目線を上げて自分の立ち位置なども確認しよう。

プレー動画は
こちらから

ココに注目！

軸足を前によける！

1回目のロールアップで回転するとき、軸足を前にして、よけるようにステップしよう。

3 インサイドでボールをかかとの後ろへ通す

4 反対の足のアウトサイドでボールの横をタッチ

5 ボールを外側へなでて、続けてくり返す

☑ **4回で元の向きに戻るように続ける**

ロールアップしたあと、90度ずつ回転しながらインサイドでかかとの後ろへボールを運ぶ。4回で元の向きにもどるように続けて行い、ときどき目線を上げる。

#32 トータップ&ウィップ

トータップとウィップを組み合わせたトレーニング。足首を柔らかく使う感覚を身につけよう!

1 右足のインサイドからトータップ4回

2 右足のアウトサイドでなでるようにすべらせ

3 続けてインサイドでカット

4 軸足をステップ

コーチングアドバイス

「ウィップ」のとき、アウトサイドとインサイドの連続タッチの間は、足を地面につけないでできるようにしよう。

アウトサイドのタッチが強すぎず、弱すぎずできているか。強すぎると、次のインサイドタッチができなくなってしまう。

プレー動画は
こちらから

ココに注目！

**軸足で
横にステップ！**

連続でボールタッチする
間、ボールに合わせ軸足で
横にステップして、タッチ
する足は地面につけない。

5 次は、左足のアウトサイドでなでるようにすべらす

6 連続して、インサイドでカット。再びトータップへ

 左右の足で同じように連続タッチ！

ひざを曲げて、つま先立ちでリズムよく、ときどき目線を上
げながら行う。「ウィップ」を右足も左足も同じように連続
タッチができるようになろう！

#33 片足ソールタップ前後

軸足の前と後ろからボールタッチ！ ステップしながらリズムよくボールを触ってみよう。

1 左足の裏でボールタッチ

2 右足をボールの横（左側）につく

コーチングアドバイス

動きが複雑だが、ボールタッチと同じ足の裏で2回。反対の足でステップし続けながら、リズムよく行う。

2回目の足の裏のボールタッチは軸足の位置が重要。蹴るときよりも少し離れた（自分に合った）場所を見つけるとしっかりタッチできる。

プレー動画は
こちらから

ココに注目！

**軸足の場所を
変えて続ける**

両足をクロスさせたり、も
どしたりスムーズに行うた
めに軸足をつく位置を変
え続ける必要がある。

3 右足の後ろからクロス
して、左足の裏でタッチ

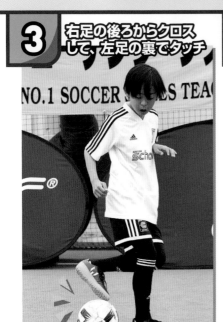

4 右足を「1」の位置に
もどして左足の裏でタッチ

 ボールを動かさずにやさしくタッチ！

同じ足の裏で2回ボールをタッチするが、2回とも軸足の場
所を変えてタッチする。そのときにボールが動かないように
やさしく触ると、連続して続けやすい。

#34 変則トータップ

足の裏で左右交互にボールをタッチ。

1 右足の裏でタッチ

2 左足の裏でタッチ

3 左足を右足の前側にステップ

4 左足の後ろ側で右足の裏でタッチ

コーチングアドバイス

左右交互にリズムよく、足の裏でボールをやさしくタッチして、できるだけボールは動かさない。

ボールタッチするときは軸足でしっかりはねて、ボールのてっぺんをタッチする。

プレー動画は
こちらから

ココに注目！

**足をクロスさせて
タッチ**

3回目のタッチは足をクロスし、軸足の後ろからタッチできるようになろう。

5 左足の裏でタッチ

6 右足の裏でタッチ

7 右足を左足の前側に
ステップ

8 右足の後ろ側で左足の
裏でタッチ

✓ ボールを中心に細かくサイドステップ

ボールを中心にして、左から右、右から左とステップしながら、足の裏でボールのてっぺんをタッチする。左右交互にリズムよくタッチして、3回目に足をクロスさせてタッチする。

#35 両足ロールアップ

両足のアウトサイドを使ったロールアップの連続ステップ。基本的な動作なので、しっかりと身につけよう。

1 左足のアウトサイドでボールをタッチ

2 左足の裏でボールを止める

3 タッチした左足を地面につく

コーチングアドバイス

アウトサイドから足の裏で止めるまでの流れは、ボールをすくい上げるようにして行う。

ボールタッチするときは、ボールの動きに合わせて軸足で地面を軽くはねるとリズムよくできる。

プレー動画は
こちらから

ココに注目！

ボールが足から離れないように

ボールが足から離れないようにすくい上げることで、ボールのふらつきがおさえられる。

4 右足のアウトサイドでタッチ

5 右足の裏でボールを止める

6 タッチした右足を地面につく

 横に大きくステップしながら足の裏で止める

アウトサイドでボールを横に転がして、横に大きくステップしながら足の裏で止める。アウトサイドから足の裏で吸いつくようなタッチをしよう。

#36 トータップ＆アウトサイドロール

トータップとアウトサイドロール、2つの動きを組み合わせて
リズムよく続けてみよう！

1 左足のインサイドでタッチ

2 右足のインサイドでタッチ

3 左足アウトサイドでボールを横へなでる

4 足の裏→インサイドでタッチ

コーチングアドバイス

アウトサイドロールは、アウトサイド→足の裏→インサイドとボールから足が離れず行う。

アウトサイドロールをするとき、ボールを横になでながら、軸足でボール側にステップしよう。

プレー動画は
こちらから

ココに注目！

**ボールの横から
なでる！**

ボールのてっぺんを足
の裏で転がすのではな
く、横からアウトサイド
でなでる。

5 右足のインサイドで
タッチ

6 左足のインサイドで
タッチ

7 右足アウトサイドで
ボールを横へなでる

8 足の裏→インサイドで
タッチ

☑ **ひざを軽く曲げてつま先立ちのままはねる**

ひざを軽く曲げてつま先立ちのまま、はねながらリズムよく
行う。アウトサイドから足の裏を使ってボールをなでる。スムー
ズな足さばきで、左右に移動して連続して行う。

トータップ＆アウトサイド ロール＆ビハインド90

#37

トータップからアウトサイドロール、さらに足の後ろを通すビハインドの動きを続けてチャレンジ！

1 インサイドでトータップ

2 左足のアウトサイドで ボールを外側に動かし……

コーチングアドバイス

ロールアップからインサイドのタッチまでボールをなでるように動かそう。

ロールアップもロールアップ・ビハインドも軸足を軽くはねながら行おう。

プレー動画は
こちらから

ココに注目！

軸足ははねながら

軸足を軽くはねながら
ステップをするとリズム
が生まれる。

3 90度右に回転しながらインサイドでかかとの後ろへ

4 右足でアウトサイドロールアップ

 3つの動きをスムーズな足さばきで

軸足で軽くはねながら、アウトサイドロールから軸足の後ろ
を通すインサイドのタッチ、さらにロールアップまでの3つの
動きをスムーズな足さばきで続けて行う。

#38 イン・アウトロール

足のどの部分を使っても、自由にボールを動かせるようになろう。
まずは得意な足でチャレンジ！

1 右足のアウトサイドで ボールを外側へタッチ

2 右足の裏でタッチ 軸足で軽くはねる

コーチングアドバイス

アウトサイドのタッチは、ボールが足から離れず、吸いついているイメージで行う。インサイドも同様に。

軸足で地面をはねるようにするとリズムよく、足からボールが離れずに続けることができる。

プレー動画は
こちらから

ココに注目！

**ボールの動きと
一緒に軸足を動かす！**

ボールタッチに合わせて、
ボールの動く方向へ一緒
に軸足ではねて動くとバラ
ンスが保てる。

3 右足のインサイドで内側へタッチ

4 右足の裏でタッチ。横のボール移動をくり返す

 足からボールが離れないようにタッチ！

変幻自在にボールタッチができるように、足からボールが離
れないようにタッチする。そのためには、タッチの強弱だけ
ではなく、軸足ではねながら、軸足の置く位置も意識しよう。

#39 イン・アウトロール・ステップオーバー

インサイドとアウトサイドのロールと、ステップオーバーとのコンビネーション。

1 左足のインサイドでタッチ

2 左足のアウトサイドでタッチ

3 インサイドでボールを内側（右足側）へ転がす

4 右足でステップオーバー

コーチングアドバイス

インサイドとアウトサイドのタッチでは足首を柔らかくして、吸いつけるようにボールを動かす。

ステップオーバーする足は大きく、ボールの近くをまたぐ。軸足はボールから離れた位置につく。

プレー動画は
こちらから

ココに注目！

**リズム感と
スピード感を大切に！**

リズムよくボールタッチして、ステップオーバーからの反転をスピーディーに決める。

5 右足のかかとの後ろに
ボールを通して、反転

6 180度回転して、左足の
インサイドでタッチ

 仕掛けのフェイントをイメージ

インサイドとアウトサイドのロールのボールタッチは、足に吸いつくように行い、そこからのステップオーバーと反転もスムーズに行う。仕掛けのフェイントをイメージしよう。

イン・アウトロール 前後交差

#40

インサイドとアウトサイドでボールをなでるようにタッチするイン・アウトロールを軸足の前後で行う。

1 右足のアウトサイドでボールを横に動かす

2 右足のインサイドで止めつつ……

3 インサイドから足の裏で後ろに転がす

コーチングアドバイス

ボールを前後に動かすとき、軸足はボールの動きと反対方向へ、同時にステップすることを意識しよう。

プレー動画は
こちらから

ココに注目！

**両足を動かす
タイミングが大切！**

ボールを動かす先に、軸
足があるため、ボールタッ
チと軸足の動きのタイミ
ングを合わせる。

4 軸足を前にステップして、
アウトサイドでタッチ

5 アウトサイドから足の裏で
前に押しもどして

6 インサイドでタッチして、
ボールを横に動かす

 つねに足とボールがくっついているようにタッチ

片方の足の全体を使って、ボールを左右になでるように動か
す。つねに足とボールがくっついているようにタッチしよう。
また、ボールの動きに合わせて、軸足のつく位置も調整する。

イン・アウトロール・オーバー前後交差

#41

「イン・アウトロール」の基本バリエーションを左右どちらの足でもできるようになろう!

1 右足のインサイドでボールを横にタッチ

2 右足のアウトサイドでボールを止めて……

3 また右側にもどして、右足のインサイドでタッチ

4 ボールを後方へ引いて、アウトサイドで止めて……

コーチングアドバイス

前後左右へと重心が移動するので、軸足のステップでバランスを保つようにする。

軸足の後ろでタッチするときは、つま先を地面に向けたほうがボールをスムーズに動かしやすい。

プレー動画は
こちらから

ココに注目！

**軸足も意識して
バランスのいい動きを！**

ボールの動きに合わせて、
軸足のひざを柔らかくして
ステップを踏むと、バラン
スよくスムーズにできる。

5 前に押し出し、足の裏から
インサイドで止める

6 右足の裏で左側へ転がし、
左足のインサイドへ

7 同様に、アウト→イン→
後方へ引いて→アウト

8 ボールを前に押しもどして
右側へ転がし、くり返す

☑ **足とボールがくっついているようにタッチ**

足のさまざまな箇所でなでるようにボールタッチして、つね
に足とボールがくっついているようにタッチする。また、ボー
ルの動きに合わせて、軸足のつく位置を変える。

#42 プルプッシュ・インサイド

インサイドキックを正確に行うためのトレーニング。足のどこに当てるかを確認しながら行おう！

1 右足の裏でボールのてっぺんをタッチ

2 ボールを後ろへ引き、軸足も後ろにステップ

3 同じ足のインサイドでボールを前に押し出す

コーチングアドバイス

軸足を軽く曲げ、肩の力を抜き、すばやく連続してスムーズに行う。

ボールに対してインサイド面をしっかり作って、真っすぐ前に押し出す。

プレー動画は
こちらから

ココに注目！

ときどき目線を
上げる！

ときどき目線を上げて、
姿勢を正し、前後左右に
立ち位置が移動していな
いかも確かめる。

4 反対の足の裏で ボールのてっぺんをタッチ

6 同じ足のインサイドで ボールを前に押す出す

5 ボールを後ろへ引き、 軸足も後ろにステップ

☑ 軸足でリズムをとるといい

インサイドで前に押し出すボールは、次の動きがスムーズに
できる強さで行うと、ミスが減る。　また、軸足はつねにはね
ながら、リズムをとるといい。

#43 プルプッシュ・アウトサイド

#42のメニューを今度はアウトサイドでやってみよう！
アウトサイドキックの正確性を磨く。

1 右足の裏でボールのてっぺんをタッチ

2 ボールを後ろへ引いたらアウトサイドで前にタッチ

コーチングアドバイス

アウトサイドのタッチは、つま先を下に向けて、ボールに対してしっかり面を立てて前に押し出す。

軸足のひざを柔らかく使って、左右の足をすばやく連動させて、リズムよく連続して行う。

プレー動画は
こちらから

**体の真ん中へ
押し出す**

ボールタッチはつねに体
の真ん中で行う。タッチ
が左右にずれないように
意識しよう。

3 反対の足の裏でボール
のてっぺんをタッチ

4 ボールを後ろへ引いたら
アウトサイドで前にタッチ

 軸足をはねながらリズムよく

インサイドのときと同様に、前に出すボールが離れてしまう
と、バランスをくずしてリズムにのれないため、自分に合っ
た距離感（強さ）をつかんで、左右連続して行おう。

#44 プルプッシュ

キックやパスを正確に足でとらえる練習メニュー。
前に押し出すときのボールの方向を意識してやってみよう。

1 右足の裏をボールにのせて……

2 ボールを後ろへ引き、同時に軸足をステップ

コーチングアドバイス

1（引いて）、2（押し出す）。「1・2、1・2」のリズムを数えながらやってみよう。

ボールと一緒に軸足も前後にステップして、連続してボールタッチする。

プレー動画はこちらから

ココに注目！

足首を真っすぐ固定しよう

つま先を地面に向け、インステップ（くつひも部分）にボールをしっかり当てて真っすぐ押し出す。

3 引いた足のインステップでボールを前に押し出す

4 足の裏でボールをおさえる

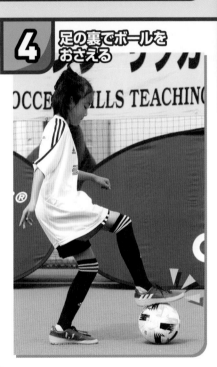

☑ インステップで真っすぐ押し出す

ボールを足の裏で真っすぐ引いて、インステップで真っすぐ押し出す。インサイド、アウトサイドと同様にタッチの強さに気をつけながら、軸足ではねながらリズムよく行う。

#45 ロールアウト&ドラッグ ビハインド2回

アウトサイドロールを1回とボールを軸足の後ろへ左右1回ずつ。この動きを連続して行うトレーニング。

1 右足のアウトサイドでボールの内側をタッチ

2 ボールをなでるように外側に動かす

3 左足のアウトサイドでななめ後ろへなでる

4 インサイドでボールを軸足の後ろを通す

コーチングアドバイス

アウトサイド→足の裏→インサイド……ボールから足が離れず、なでるように行う。

ボールを軸足の後ろへ通すときは、軸足を軽くはね、前側にステップしよう。

プレー動画は
こちらから

ココに注目！

インサイド面で横に運ぶ

軸足の後ろへボールを通すとき、インサイド面をしっかり作って真横へ運ぶ。

5 右足のアウトサイドでななめ後ろへなでる

6 インサイドでボールを軸足の後ろを通す

7 左足のアウトサイドでボールを外側へなでる

 スムーズにバランスを保ったまま、リズムよく行う

軸足の後ろへボールを通す「ビハインド」のタッチをスムーズにバランスを保ったまま行う。軸足ではねながら、いいリズムで続ける。

#46 片足プルプッシュV & ビハインド

プルプッシュVとビハインド、2つの動きを組み合わせてチャレンジ！
まずは得意な足からやってみよう。

1 左足の前のボールを
右足の裏でタッチ

2 ななめ後ろに引き、
アウトサイドでななめ前へ

3 右足の裏でタッチ

コーチングアドバイス

ボールタッチに合わせて、軸足のヒザを曲げたり、伸ばしたりして柔軟に使う。

前に出すタッチが強すぎず、弱すぎず。足の裏でボールをとらえやすい位置に運ぶ。

プレー動画は
こちらから

ココに注目！

**軸足の後ろを
通すとき**

軸足を軽くはねながら
前側にステップするとや
りやすい。

4 ボールを軸足の方（ななめ後ろ）へ引く

5 インサイドでタッチし、軸足の後ろを通す

6 左側のボールを右足の裏で止めて、くり返す

 次の動きがスムーズにできる位置にボールを運ぶ

ボールを動かしながら、連続して動くため、ボールタッチ
の強さに気をつけながら、次の動きがスムーズにできる位置
に運ぶ。同時に、軸足をはねながらリズムよく行う。

#47 プルアクロス・ステップオーバー

両足を使ってステップオーバーを連続して決めるトレーニング。
軸足の動きにも意識して行おう。

1 右足の裏でボールを軸足（左足）側に転がす

2 左足でボールの前をまたぐ

3 左足は地面につけず、ボールの周りを回す

4 左足の裏でボールを止めて、軸足（右足）側に転がす

コーチングアドバイス

ボールを軸足（右足）側に転がすとき、同時に軸足で地面をはねてボールをまたぐ。軸足のステップでリズムをとる。

ボールを足の裏で止めるとき、体から離れすぎないようにする。止めたときバランスがとれている状態がいい距離感。

プレー動画は
こちらから

ココに注目！

「低く・大きく」
またぐ！

ボールをまたぐ足は地
面につけずに、ボール
の前をできるだけ「低く・
大きく」回す。

5 ボールの前から右足を
グルリと回す

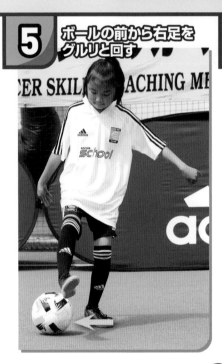

6 右足を地面につけずに、
足の裏で止める

☑ **インサイドでタッチするように見せるフェイント**

ボールを横（軸足側）へ転がし、反対の足でボールの周りを
グルッと回してまたぐ。インサイドでタッチするフリのフェイン
トをバランスがくずれないように行おう。

#48 ストップ・プルスルー

止めたボールを追い越してから、後ろに残した足を使って前に動かす。
タイミングをずらし、相手をほんろうするテクニック。

1 ボールを前に押し出す

2 右足の裏でボールを止めて、ボールの前に着地

3 軸足（右足）をクロスして、左足のインサイドでタッチ

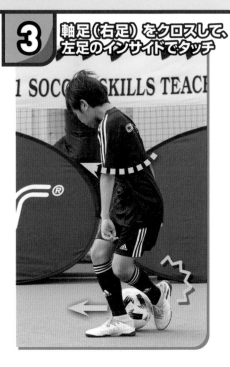

コーチングアドバイス

ボールを足の裏で止めたら、その足はボールの前に着地させる。その足を軸にして両足をクロスさせて、反対の足のインサイドでやさしくタッチする。

プレー動画は
こちらから

ココに注目！

**後ろに残した足で
やさしくタッチ！**

後ろに残した足のボール
タッチの強さに気をつける。
次のターンがやりやすい位
置へやさしくタッチしよう。

4 ターンをしながら
左足のインサイドでカット

5 右足のアウトサイドで
押し出す

 ターンしながらインサイドの連続タッチ

足の裏でボールを止めて、ボールの前に着地する。両足を
クロスして後ろに残した足のインサイドでタッチ。すぐに、軸
足を中心にターンしてインサイドカット。この連続タッチをて
いねいに行うように意識しよう。

#49 ロールオーバー・両足カットドリブル

インサイドとアウトサイドのタッチをスピードにのって連続して行う実戦向けのテクニック。しっかりと身につけよう!

1 右足のインサイドでボールをタッチ

2 左足のアウトサイドでタッチ

3 続けて左足のインサイドでタッチ

コーチングアドバイス

インサイド→アウトサイド→インサイド→スラップの連続した動きがリズミカルな流れをうむ。

スラップした足を軸足の方に着地させ、反対の足のインサイドですばやくボールをタッチする。

プレー動画は
こちらから

ココに注目！

**ボールをやさしく
タッチする**

タッチが強くなってしまう
とボールが体から離れて
しまう。やさしくタッチし
よう。

4 右足でスラップ

5 左足のインサイドで
止める

 **横一直線上を動くことを意識する**

右と左を往復しながら連続でボールタッチをする。タッチの
角度が乱れ、一直線上からはみ出さないように気をつけな
がら行う。

#50 ロールオーバー・両足カットドリブル・リバース

クロスのタッチを取り入れたメニュー。
トリッキーな動きだが、これまでのワザの組み合わせだ。しっかりこなそう！

1 右足のインサイドでボールをタッチ

2 左足のアウトサイドでタッチ

3 左足を軸足にして、右足をクロスさせて……

コーチングアドバイス

足をクロスしてからのアウトサイドのタッチは、ボールを止めるようなイメージで、体から離れないようにする。

足をクロスしてアウトサイドでタッチしたあと、ボールの動きに合わせて軸足の位置も踏みかえて、すぐにロールオーバーでボールを動かす。

プレー動画は
こちらから

ココに注目！

**ボールを
しっかりカット**

クロスしたとき、ボール
をアウトサイドでしっかり
カットすると次のプレーが
やりやすくなる。

4 右足のアウトサイドで
カット

5 足を踏みかえて、右足の
ロールオーバーで左側へ

6 左足のインサイドでタッチ
して、反対の足でくり返す

 うでの振りや腰の回転を利用してバランスをとる

足をクロスさせるトリッキーな動きがあるため、バランスをく
ずさないようにうでの振りや腰の回転を利用してスムーズな
動きで行う。また、軸足の位置も意識すると、体の軸もしっ
かりする。

#51 4ウェイ・プルズ

インサイド（内側）、アウトサイド（外側）、ヒール（かかと）、
トー（つま先）の4か所を使った基本的な連続動作。

1 右足で「インサイド ロール」を2回

2 足の裏で「前に動かして かかとで止める」を2回

コーチングアドバイス

4方向の動きの変化は、軸足を踏みかえることで、バランスをとりながらテンポよく対応することができる。

足のどの部分を使っても、ボールが足から離れないようにする。柔らかいタッチを意識して行おう。

プレー動画は
こちらから

ココに注目！

**つま先はインステップ
のようにタッチ**

つま先のタッチは、つま先
を地面に向けてインステッ
プのように足を立てて、足
先（ツメあたり）でタッチ。

3 右足で「アウトサイド
ロール」を2回

4 足の裏で「後ろに動かして
つま先で止める」を2回

☑ **インサイド、ヒール、アウトサイド、トーの4か所で**

ときどき目線を上げて姿勢を正し、軸足で体のバランスをと
りながらテンポよく続ける。また、ボールを足から離さずに
インサイド、ヒール、アウトサイド、トーの4か所でタッチする。

#52 トータップ・ロールアウト ＆ドラッグビハインド90

トータップからボールを軸足の後ろへ通すドラッグビハインド、ロールアウトを続けて行う。まずは得意な足からドラッグビハインドをやってみよう！

1 トータップ2回

2 左足の裏でボールを引き

3 インサイドでタッチしながら 90 度回転

コーチングアドバイス

ドラッグビハインド（軸足の後ろを通すタッチ）を得意でない足でも、挑戦してみよう。

ドラッグビハインドのあと、すぐにインサイドでタッチするのではなく、軸足を踏みかえてアウトサイドロールで外側に運ぶ。

プレー動画は
こちらから

ココに注目！

**軸足の後ろを
通すとき**

ドラッグビハインドしなが
ら90度回転するとき、軸
足を軽くはねながら前側に
ステップするとやりやすい。

4 ボールは軸足の後ろを
通す

5 反対の足のアウトサイドで
を外側にころがす

6 トータップ2回して、
くり返す

 ボールが体から離れないように

軸足ではねながらリズムよく、スムーズな足さばきで3つの
動きを続ける。できるだけボールを体から離さずすべらせる
ように動かし、90度ずつ回転しながら行う。

#53 トータップ・ドラッグプルバック

3回のトータップから、インサイドの押し出しと引きもどしをすばやく連続実行するトレーニング。

1 トータップを3回タッチ

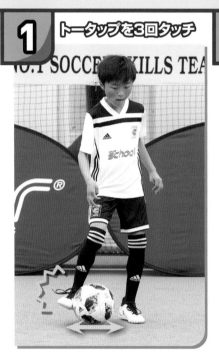

2 右足のインサイドでななめ前に押し出す

コーチングアドバイス

押し出しと引きもどしのときは、足にボールがくっついた状態をキープすること。

足の裏でボールを引くとき、軸足ではねて体の向きを正面にもどすと、すぐにトータップがやりやすい。

プレー動画は
こちらから

ココに注目！

**インサイドロールと
同じイメージで押し出す**

インサイドでボールの横
を押し出し、てっぺんを押
さえる。インサイドロール
と同じイメージで行う。

3 軸足（左足）の前まで押し
出したら、右足の裏で止める

4 右足の裏で引きもどして、
インサイドでタッチ ▼

 まずはインサイドでゆっくり押し出す

インサイドでボールを押し出すときは、まずゆっくり行う。慌
てるとボールを足の裏で止められないミスが起こる。自分の
足が届く範囲を覚えて、足に吸いつくようにていねいに押し
出そう。

プルプッシュV・インサイド

#54

ボールを引いて出すときにV字を描くイメージを意識する。くり返して行うことで感覚をつかむことができる。

1 右足のインサイドでボールをななめ前に出す

2 左足の裏でボールにタッチ

3 そのままボールをななめ後ろに引く

4 左足のインサイドでボールを左ななめ前に出す

コーチングアドバイス

軸足を柔軟に曲げてみよう。そうすれば、連続したすばやい動きがスムーズにできる。

ボールをV字に動かすとき、足の裏で引きながら、軸足ではねて体の向きを正面にもどすと、次のタッチがやりやすい。

プレー動画は
こちらから

ココに注目！

**足をクロスさせて
ボールを止める**

あまり体の近くになりすぎないように、軸足の外側までボールを運び、足をクロスするようにボールを止める。

5 右足の裏でボールに
タッチ

6 そのままボールを
ななめ後ろに引く

7 右足のインサイドで
ボールを右ななめ前に出す

 ななめ前に出すボールの強さに気をつける！

インサイドでななめ前に出すボールは、次の動きがスムーズにできる強さで行う。軸足ではねながらリズムよく、ときどき目線を上げてやってみよう。また、ボールを引いて相手の足をかわすイメージでやるとよりよい。

#55 トータップ＆ドラッグUターン180

トータップから、インサイドでボールを押し出しながら、
体の向きを180度回転する動き。

1 トータップ4回

2 インサイドでボールを押し出しながら回転

3 180度回転したら足の裏で止める

4 トータップ3回

コーチングアドバイス

バランスを崩さず、軸足を中心にして回転する。ひざを軽く曲げて、軸足ではねてつま先の向きを変えるとやりやすい。

インサイドから小さくボールをひっかくように足の裏でタッチ。ひざを曲げて、体に引き寄せるようにしよう。

プレー動画は
こちらから

ココに注目！

**インサイドでの
ボールの押し出し**

足首をうまく使ってインサイドでボールを押し出し、足からボールが離れずに回転しよう。

Chapter **2**

Intermediate（中級）

5 **インサイドでボールを
押し出しながら回転**

6 **180度回転したら
足の裏で止める**

7 **トータップ4回**

8 **次は反対の足で、反対
回りにボールを押し出す**

 姿勢を正してインサイドで半円を描く

ボールが足から離れないようにインサイドで半円を描くように押し出す。最後は足の裏でボールを止める。その半円が大きくなると背中がそって、ボールを止めにくくなる。真っすぐな姿勢のまま押し出すとうまくできる。

131

#56 片足ロール・ステップオーバー

スラップとステップオーバーをしたあと、反転してすばやくタッチする。

1 右足の裏で軸足側(左)へボールを転がす

2 軸足側(左)に右足をついて

3 左足でステップオーバー

コーチングアドバイス

足の裏でボールを転がして、足が地面についたら、すぐに反対の足でステップオーバーを決めよう!

ステップオーバーをしたあとは反転して、振り向いたらすぐにボールを止めることを意識して取り組もう。

プレー動画は
こちらから

ココに注目！

**すばやいステップ
オーバーを決める!**

ボールをまたぐ足は高く
上げすぎずに、インサイ
ドでタッチするような動
きですばやく足をまわす。

4 またいだ（左）足が
地面についたら……

5 体を反転させて右足の
裏でボールを止める

6 そのまま足の裏で横へ
転がし、くり返す

 ステップオーバーの足さばきをスムーズに!

ボールをまたぐ動き（ステップオーバー）と、反転して足の
裏でボールを止める足さばきをスムーズにできるようにな
ろう!

#57 トータップ・ステップオーバー・ロールアウト&ビハインド

トータップからはじまる4つのワザの組み合わせ。4つの動きをスムーズに続けるトレーニング。

1 トータップを3回

2 ボールをまたぎ、ステップオーバー

3 同じ足の裏で、外側にボールを動かし……

コーチングアドバイス

ステップオーバーのあと、すばやく足の裏でボールをタッチすると、リズムがよくなる。

解説の③と⑤のとき、足の裏でボールを外側に動かすと同時に軸足で軽くはねる。

プレー動画は
こちらから

ココに注目！

**反対の足で
同じようにできる**

細かいステップで細かいタッ
チを、反対の足でも同じよう
にできれば、ボールの扱いが
自由自在にできる！

4 インサイドで軸足の
後ろを通す

5 反対の足でロールアウト
して外側へ

6 トータップを3回から、
反対の足で続ける

 軸足をつく位置も変える！

ボールの動きに合わせて、軸足をつく位置を変えて、4つの
動きを正しい順番で連続して行えるようにしよう。頭と体、す
べてを同時に使って混乱しないように、まずはゆっくりやって
みよう。

#58 トータップ・シザーズ スキップ・ビハインド

トータップとシザーズフェイントを組み合わせながら、90 度回転するトレーニング。

1 トータップ

2 右足でシザーズ

コーチングアドバイス

シザーズの足の振りの勢いを使って、軸足で地面をはねながら反対の足のインサイドでボールタッチする。

軸足の後ろを通すときのタッチは真横ではなく、少しななめの角度にして、次のタッチがしやすい位置へ強さも調整する。

プレー動画は
こちらから

ココに注目！

**シザーズの足に
ボールをぶつける！**

スキップタッチはシザーズした足をそのまま残し、その足にボールをぶつけるようにして軸足の後ろへ運ぶ。

3 スキップしながら左足の
インサイドでタッチ

4 右足のインサイドで軸足
（左）の後ろへ通す

5 体を左に90度
回転してトータップ

 タッチの強さや体の向きを意識する

シザーズとスキップタッチの連続の仕掛けから、ボールを軸足の後ろに通す。タッチの強さや体の向きを意識して行い、相手からボールを隠すようなイメージを持ってやってみよう。

#59 180度スピン・プルプッシュ

足の裏でボールを引きながら、スムーズに180度回転するトレーニング。

1 右足のインサイドで前に押し出す

2 右足の裏でボールを引きながら……

3 体を左に90度回転させ

コーチングアドバイス

ボールを足の裏で引いた瞬間に体を反転させながら、反対の足でボールをすばやく引きもどす。タッチするごとに90度回転する。

インサイドのタッチを強くしすぎない。足の裏でボールタッチがすぐにできる位置へ運ぶと、リズムよく続けられる。

プレー動画は
こちらから

ココに注目！

**足の裏でボールの
てっぺんをタッチ**

足の裏でボールを引くと
き、ソールタップのように
ボールのてっぺんをタッ
チして、背中側へ引く。

4 左足の裏でボールを
引きながら……

5 体を左に90度
回転させる

6 左足のインサイドで前に
押し出して、くり返す

 反転とボールを引く動作は同時に！

回転するときは、ボールのてっぺんにのるイメージで、軸足
ではね上がりながら、体の反転とボールを引く動作を同時
行う。そのとき、体が左右にぶれないように気をつけよう。

#60 360度スピン・プル・ビハインド

足の裏でのすばやいボールタッチと回転の動作を組み合わせたトレーニング。
360度のスピンを決めよう!

1 前に転がしたボールを……

2 右足の裏でタッチ

3 同時に左方向に回転

4 左足の裏でボールタッチして

コーチングアドバイス

ボールを引いてから、体を回転させるのではなく、ボールを引く動作と同時に体を回転させること。

足の裏でボールをしっかり止める(体の下に置く)イメージでタッチすると2回目のタッチがやりやすくなる。

プレー動画は
こちらから

ココに注目！

**軸足をはねて
リズムをとる！**

回転しながらのタッチは、ボールのてっぺんにのるように、軸足で地面をはねると、リズムよく続けることができる。

---

5 足の裏で引きながら
体を180度回転

6 右足の裏で止める

7 そのまま背後にボールを
引き、さらに180度回転

8 左足の裏でタッチして、
くり返し続ける

 ボールを引くことと、体の回転を同時に

体の回転の速さとボールの速さ（強さ）を合わせていかないとスムーズにできない。足の裏でボールのてっぺんをタッチして、引くことと体の回転を同時に行おう。

10回を何秒間でできる?

#S02

プレー動画はこちらから

進め方

① ボールを体の真ん中に置く。② その場で 「スライド」 を10回 (右足で1回、左足で1回とする) 行う。③ 10回終わって、ボールの上に座り、手を上げたら終了。何秒かかるか計る。

アドバイス

① 姿勢よく、ときどき目線を上げる。② 軸足はつま先立ちで、細かくステップ。③ 足の裏でボールの上から下になでる。④ スピードトライアルをチャレンジする前に、ノートに自分目標を立てたり、結果を記録して次回更新できるようにしたりして、自分の成長を確かめながらやってみよう。

 参考ページ ≫≫≫ #08 スライド (34ページ)

ココに注目!

速くやるコツはなに?

ミスしてしまったらタイムロスしてしまう。タッチを正確に、できるだけその場でやることが大切だ。まずは、10回ミスなく成功させよう!

そのほかのボールマスタリーでもやってみよう

#01 ソールタップ (20ページ)   #44 プルプッシュ (108ページ)

#02 トータップ (22ページ)

Advance

（上級）

Chapter3 の
プレー動画を
一気にチェック！

矢印解説

 ボールの動き　　 ジャンプ　　 足の踏み込み

 人の動き　　 ボールタッチ

#61 リバース・トータップ

これまでインサイドで行ってきたトータップをアウトサイドでも、連続してタッチできるようにチャレンジしてみよう。

1 右足を後ろに回して右足のアウトサイドでタッチ

2 足をクロスしたまま左足のアウトサイドでタッチ

コーチングアドバイス

クロスした後ろ側の足は、つま先を地面にむけてタッチするとやりやすくなる。

足をクロスさせることで上半身が不安定にならないように、うでを広げてバランスをとるようにする。

プレー動画は
こちらから

ココに注目！

アウトフロントを使ってタッチ

クロスしている後ろ側の足は、アウトフロント（甲の外側の部分）でしっかりとタッチする。

3 足をクロスしたまま右足のアウトサイドでタッチ

4 足をクロスしたまま左足のアウトサイドでタッチ

 できるだけ移動せずにその場で！

クロスした後ろ側の足は、つま先を地面に向けてアウトフロントでタッチしよう。できるだけ移動せずに、目線を上げて立ち位置も確認しながら行う。右足も左足も後ろにしたクロスのタッチを2通りやってみよう。

#62 トータップ・テイクストップ・スキップ

足の裏でボールを止めるのと同時に、反対の足のインサイドからダブルタッチをするトレーニング。

1 右足のアウトサイドでボールを外側へタッチ

2 右足の裏でボールを止めると同時に……

3 左足のインサイドでタッチ

コーチングアドバイス

ボールを足の裏で止めたら、軸足（右足）はスキップのようにはねながら、インサイドでやさしくタッチ。連続して反対の足でタッチ！

プレー動画は
こちらから

ココに注目！

**タッチの感覚を
マスターしよう**

アウトサイドでの押し出し
や、スキップしながらのイン
サイドのタッチなど、適切な
強さの感覚を身につける。

4 すぐに右足のインサイドでタッチして……

5 左足→右足でトータップ2回

6 左足のアウトサイドでボールを外側へタッチ

 足の裏でタッチした足は地面につけずに次の準備！

ボールを止めたあと、反対の足でタッチしてボールがもどっ
てくるまで、地面につけずに準備しておくと連続タッチがス
ムーズにできる。

#63 トータップ・ドラッグシザーズ

トータップからドラックシザーズ！　軽快なタッチと、足首とひざの柔らかな動き
をマスターしよう。

1 右足からトータップ４回

2 軸足で地面をはねながら 右足のインサイドで内側へ

コーチングアドバイス

インサイドでボールを内側に運ぶときは、横に引きずるようにタッチしながら体を軸足のほうにかたむける。

インサイド→シザーズの動きは、スキップをするように軸足で地面をはねながら行う。

プレー動画は
こちらから

ココに注目！

**足首とひざの動きを
柔軟に**

ボールをまたぐとき、足を
低くしたまま、足首とひざ
を柔らかく動かすようにし
よう。

3 右足は地面につけずに
外側へボールをまたぐ

4 反対の足のインサイド
からくり返す

Chapter **3**

Advance（上級）

☑ **ボールタッチした足を地面につけずにまたぐ**

インサイド→シザーズの動きで、インサイドで引きずった足
をそのまま地面につけずにまたぐ。また、ときどき目線を上
げながら行う。

149

#64 ドラッグプッシュ・リバース

トータップから、ドラッグして「アウト・イン」。
足首を上手に使って、ボールに吸いつく柔らかいタッチにチャレンジ!

1 左右の足でトータップ2回

2 軸足で地面をはねながらインサイドで内側へ運ぶ

コーチングアドバイス

インサイドでボールを引きずるときは、ボールの表面をなでるようにまわし、体は軸足のほうにかたむける。

インサイド→アウトサイド→インサイドとタッチするときの軸足の動きは、1回目のインサイドでスキップするようにはねてから、着地してアウト→イン。

プレー動画は
こちらから

ココに注目！

**柔軟性のあるひざと
足首の動き**

連続した3タッチは、足先
だけのタッチにならず、ひざ
と足首を柔らかく使い、ス
ムーズな重心移動で行う。

3 地面に足をつけずに アウトサイドで外側へタッチ

4 地面に足をつけずに インサイドで内側へタッチ

 まずはゆっくりとボールを「なでる」！

インサイド→アウトサイド→インサイドのタッチする足は、地
面につけずに連続して行う。まずはあわてず、ゆっくり3回タッ
チして、少しずつスピードを上げてやってみよう。ボールをタッ
チするというよりも、側面を「なでる」イメージでやってみよう。

#65 ロールアウト・ドラッグ Uターン・ビハインド

足の裏を使ったボールの引きワザが特徴的なステップワークのトレーニング。
リズムにのって軽快に行おう！

1 右足のアウトサイドで
ボールを外側へ

2 インサイドから足の裏を
使って内側へ転がす

3 右足の裏でボールを軸足側
（左）へもどして……

コーチングアドバイス

軸足の動きを大切にしよう。ボールをあつかう足だけでなく、軸足もボールの動きに合わせて動かす。軸足は横→横→前→踏みかえる！

足の裏でボールを後ろに引いたら、その足を軸足の後ろに回し、同じ足のインサイドでタッチ。そのときに、軸足は前にステップする。

プレー動画は
こちらから

ココに注目！

**ボールが足から離れない
ロールアウトのタッチ**

アウトサイド→足の裏→インサイドという順番でボールが足から離れないように吸いついているイメージで！

4 ボールを後ろに引き、
右足を軸足の後ろへ回す

5 軸足の後ろから右足の
インサイドで前にタッチ

6 軸足を踏みかえて、左足
のアウトサイドでロール

Chapter **3**
Advance（上級）

 ボールに合わせて前後左右にステップ！

インサイドとアウトサイドのロールでボールが足に吸いつくような細かいタッチで動かす。それに合わせて軸足も細かく前後左右にステップを踏み続けよう。

153

シザーズ＆プル ストップ・ビハインド

#66

シザーズのフェイントと足の裏でボールを横に動かすスラップを組み合わせた
トレーニングをリズムよくやってみよう。

1 右足でシザーズ

2 左足の裏でスラップ

3 軸足の後ろからクロスして
右足の裏でストップする

コーチングアドバイス

軸足の後ろでボールを止めやすくするために、スラップした足はボールよりも少し前につくようにする。

内側から外側に足をまわすシザーズフェイント。またぐ足は低く、大きく、そしてすばやくボールの前へと動かす。

プレー動画は
こちらから

ココに注目！

**スラップはひざが
大事！**
足の裏でボールを転がす
のが「スラップ」。軸足も、
ボールタッチする足も、ひ
ざを柔らかく曲げて行う。

4 左足でシザーズ

5 右足の裏で
ボールを横に動かして

6 軸足の後ろからクロスして
左足の裏でストップ

Chapter **3**

Advance（上級）

 「1・2・3」のリズムで左右交互の動作

1「またぐ」、2 足の裏で「スラップ」、3 足の裏で「止め
る」。「1・2・3」のリズムで左右交互の動作となるため、
一定のリズムでていねいに行おう。

#67 トータップ＆リバース・トータップ

両足を使った正確なボールタッチをみがくことのできるトータップ。なれてきたら、スピードアップしていこう。

1 トータップを行う

2 右足を前にクロスさせる

3 リバース・トータップを行う

コーチングアドバイス

足をクロスさせたときの後ろ側の足は、つま先を地面に向けてアウトフロント（甲の外側の部分）でタッチする。

トータップはリズムよく行うのが基本。足をクロスするときはすばやい動きでリズムをくずさないようにする。

プレー動画は
こちらから

ココに注目！

リバース・トータップの攻略方法は？

ひざの柔らかい動きを意識して、自分でリズムを刻みながら行うのが上達への近道だ！

4 右足をもどしてトータップを行う

5 左足を前にクロスさせる

6 リバース・トータップを行う

 足をクロスさせる動きでリズムをくずさない！

トータップとリバース・トータップの間に足をクロスさせる動きを入れる。ここでタッチのリズムを崩さないように、まずはゆっくりしたリズムから、あわてずに確実に取り組んでいこう。

プルプッシュV＆ステップオーバー

#68

足の裏とアウトサイドを使ったプルプッシュVと、ステップオーバーのフェイントを組み合わせたトレーニング。

1 右足の裏でボールを右ななめ後ろへ引く

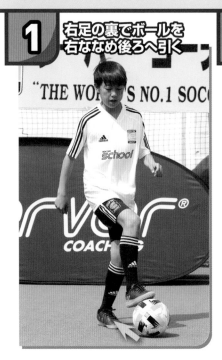

2 右足のアウトサイドで右ななめ前へタッチ

コーチングアドバイス

足の裏でボールを引き、アウトサイドで押し出す動きはVの字を描くように行う。

足の裏でボールを引くときは、軸足を外側にステップすると、次のアウトサイドのタッチと、またぐときの姿勢がスムーズにできる。

プレー動画は
こちらから

ココに注目！

**アウトサイドの
タッチの強さ**

タッチが強すぎるとボー
ルをまたぎにくくなってし
まうので注意が必要。

3 左足ステップオーバー

4 左足を地面につけて……

5 左足のアウトサイドで ボールをタッチ

 足は低く、大きくすばやくまたぐ

足の裏とアウトサイドを使って、ボールで「Vの字」を描くよ
うに動かす。すぐに、足を低く、大きく動かしてボールをまたぎ、
アウトサイドでスタート位置にボールをもどす。

#69 トータップ・片足ドラッグ Uターン・ビハインド

トータップとボールを足の裏で引っかくように動かすワザの組み合わせ。相手からボールを隠すイメージを持ってやってみよう。

1 トータップを6回行う

2 左足のインサイドで軸足（右足）の前へ押し出し

3 左足の裏でボールを止める

コーチングアドバイス

ボールをインサイドで軸足の前を通って押し出すとき、軸足のひざを軽く曲げて、ボールと足がくっついているようなタッチを心がける。

ココに注目！

**ひざを上げて
ボールを引っかく！**

足の裏でボールを引っかく
ように動かして、ひざを高
く上げる。軸足は前に軽く
はねるとスムーズにできる。

プレー動画は
こちらから

---

4 左足の裏で軸足（右足）
のかかと側へ動かす

5 左足をもどしての
インサイドでタッチ

6 トータップを6回行い、
くり返す

 足にボールが吸いつくように！

インサイドにボールが吸いつくようにゆっくりと押し出す。足
の裏でボールを引っかくように、軸足の後ろを通してもとの
位置に運ぶ。ときどき目線を上げて姿勢を保つことも意識
しよう。

#70 トータップ・両足ドラッグ Uターン・ビハインド

トータップとボールを足の裏で引っかくように動かすワザの組み合わせ。
#69のメニューを左右の足で連続ワザを完成させよう。

1 インサイドで
トータップを5回

2 左足のインサイドで軸足の
前へボールを押し出す

3 左足の裏で
ボールを止める

4 左足の裏でボールを
引っかき軸足の後ろを通す

コーチングアドバイス

インサイドで軸足
の前に押し出すと
きは、軸足のひざ
を曲げて柔らかく
使おう。

足の裏で軸足に
向かってボールを
引っかくときに、
地面をはねて軸足
を前に動かそう。

プレー動画は
こちらから

ココに注目！

引っかくときひざの動きに注目!

足の裏でボールを引っかくとき、ひざを高く上げるようにタッチすると、しっかりとボールがもどってくる。

5 インサイドでトータップを5回

6 右足のインサイドで軸足の前へボールを押し出す

7 右足の裏でボールを止める

8 右足の裏で引っかき、インサイドでタッチする

☑ **足に吸いつくボールタッチ!**

インサイドでボールを押し出すとき、足に吸いつくようなボールタッチで軸足の前を通す。ひざを柔らかく使って、すべての動きを流れるように連続して行う。

#71 トータップ・シザーズスキップ

トータップとシザーズフェイントの組み合わせ。左右の連続ワザを完成させよう。

1 トータップを2回

2 左足でシザーズしながらスキップ

3 同時に右足のインサイドでタッチ

コーチングアドバイス

シザーズの足がボールを通過したあたりで、軸足で地面をしっかり踏み込んで（ひざを曲げて）、はね上がりながらボールにタッチ。

スキップタッチの後のインサイドは、タッチの強さに注意。次のタッチがしやすい位置へやさしく運ぶ。

164

プレー動画は
こちらから

ココに注目！

**軸足を大きくはねながら
インサイドでタッチ！**

スキップタッチは、軸足で
横に大きくはねる勢いを
使ってインサイドでボール
の横にタッチする。

4 左足のインサイドで受けて、
右足→左足のトータップ

5 右足でシザーズしながら
スキップ

6 同時に左足の
インサイドでタッチ

7 再び、トータップして
くり返し行う

 シザーズとスキップタッチを連動させる

シザーズした足の振りの勢いを利用して、スキップタッチ。こ
の流れをしっかり連動させる。また、スキップタッチのあとの
インサイドはやさしくタッチする。

プルプッシュ・アウトサイド&ビハインド

#72

プルプッシュ・アウトサイドとプルプッシュ・ビハインドの組み合わせワザを身につけよう。

1 右足の裏でボールを引く

2 右足のアウトサイドでタッチ

3 右足の裏で軸足の後ろへボールを引く

4 右足のインサイドで軸足の外側へタッチ

コーチングアドバイス

プルプッシュの動きをするときに、軸足をはねながら行う。

アウトサイドのタッチは、次の足の裏のタッチが届く範囲へ、やさしく押し出そう。

プレー動画は
こちらから

ココに注目！

軸足をステップ！

ワンタッチごと、ボールの動きに合わせて軸足をステップさせる。

5 左足の裏でボールを引く

6 左足のアウトサイドでタッチ

7 左足の裏で軸足の後ろへボールを引く

8 左足のインサイドで軸足の外側へタッチ

☑ **タッチの角度や強弱も意識しよう**

軸足で細かくはねながら、リズムよく行う。ときどき、目線を上げながら立ち位置を確認して、タッチの角度や強弱も意識しよう。

#73 トータップ・ストップ スキップ・ビハインド

足の裏でボールを止め、反対の足で軽くはねながらインサイドでタッチしたあと、体を180度回転させよう。

1 右足のインサイドから トータップ4回

2 右足の裏でボールを 止めながら

コーチングアドバイス

体を180度回転するのに時間をかけずスムーズに回って、すぐにボールタッチ（トータップ）しよう。

写真③のスキップしながら行うインサイドのタッチは、強すぎず、弱すぎないようにしよう。

プレー動画は
こちらから

ココに注目！

**スキップしながら
タッチしたあと**

足の裏でタッチした足を
ボールの前に着地して、
その足を回転軸にして、
すばやく180度回る。

3 左足のインサイドでボールを反対の足の後ろへ通す

4 体を180回転させて、トータップ4回

 空中でインサイドのタッチ！

足の裏でボールを止めたあと、足を地面につける前に（空中で）反対の足のインサイドでタッチする。回転したあとなど、ときどき目線を上げながらできるとよりよい。

#74 トータップ・ドラッグ Uターン・ビハインド360

トータップから、インサイドで押し出し（ドラッグ）たあと、足の裏で軸足の後ろを通し、体を1回転（360度）させる動き。

1 右足のインサイドからトータップを3回

2 左足のインサイドで軸足の前にボールを押し出す

コーチングアドバイス

インサイドの面の真ん中でボールを押し出して、足から離れずに、足の裏でボールのてっぺんをタッチする。

軸足のつま先の向きを細かく踏みかえながら、360度回転する。体のバランスをくずさないようにしよう。

プレー動画は
こちらから

ココに注目！

**ボールを引っかく
ようなターン！**

回転しながらボールを
引っかくようにタッチし、
背中の方向へ少しだけ
ななめに運ぼう。

3 体を回転させながら左足
の裏でボールを引っかく

4 ボールを軸足の後ろを
通してターン！

5 前を向いて、左足の
インサイドからトータップ

☑ **押し出しからターンまでボールは離さない！**

インサイドでボールを押し出すとき、ボールが足に吸いつく
ように運ぶ。そのまま足からボールを離さずに足の裏で引っ
かくようにタッチして、軸足のかかとの後ろを通してターン
する。

#75 Uターン・プルビハインド360

足の裏で後ろへUターンしようとするフリから、体をさらに反転させてボールを背後へ運ぶタッチがポイントとなる。

1 右足のインサイドでボールをタッチ

2 左足のアウトサイドで持ち出す

3 右足の裏で体を回転させながらUターン

コーチングアドバイス

Uターンしてボールを足の裏で引くタッチは、強すぎず、弱すぎないタッチをしよう。強すぎると次のタッチが難しくなる。

足の裏でボールをタッチしてUターンするとき、体と軸足のつま先の向きが180度変わるように意識する。

プレー動画は
こちらから

ココに注目！

**ターンの軸足と
体の回転に注目！**

Uターンのときは、軸足で
はねて、タッチする足でボー
ルにのる。軸足が地面に
ついたらボールを引く。

4 右足の裏でボールを背中側
へ引き、さらにターン

5 左足のインサイドでタッチ
して「1」からくり返す

x

x

 足の裏でボールのてっぺんをタッチ

Uターンでボールにのりながら体の向きをかえるため、しっ
かりとボールのてっぺんをタッチする。うまくタッチできてい
ないと、バランスをくずして転んでしまうこともあるため、ま
ずはゆっくりていねいに回転できるようにしよう。

#76 リバースプル

軸足を入れかえながら軸足の後ろでタッチするプルプッシュ。適切なタッチの強さと方向を身につけよう。

1 右足の裏で後ろにボールを引く

2 足をクロスさせて左足のインサイドでタッチ

コーチングアドバイス

ボールをタッチするたびに、細かくステップして、軸足をすばやく踏みかえる。

インサイドのタッチは強さと方向に注意。次のタッチがしやすい位置をイメージしよう。

プレー動画は
こちらから

ココに注目！

**ボールの横に
ステップ**

足の裏でボールタッチし
た足を、ボールの横に着
地させると、反対の足の
インサイドがやりやすい。

3 ステップして左足の裏で
後ろにボールを引く

4 足をクロスさせて右足の
インサイドでタッチ

Chapter **3**

Advance（上級）

 タッチの適切な強さと方向に注意

細かいステップワークから、「ボールを引く→足をクロスさせ
てのインサイドタッチ」の流れをスムーズに行う。そのため
には、タッチの適切な強さと方向に注意して行う。

175

#77 軸足外側を通す プルプッシュ

軸足の外側でボールを動かすプルプッシュ。ボールを引いた足と同じ足のインサイドで連続タッチする。適切なタッチの強さと方向を身につけよう。

1 右足の裏で軸足の 外側へボールを引く

2 右足のインサイドで ボールをタッチ

コーチングアドバイス

ボールを引いてから、軸足は内側にステップして足をクロスさせて、インサイドでタッチする。

インサイドのタッチは強さと方向に注意。次のタッチがしやすい位置をイメージしよう。

プレー動画は
こちらから

ココに注目！

**ボールを
少しだけ動かす**

足の裏とインサイドの
ボールタッチは、どちらも
前後に少しだけボールを
動かすように意識しよう。

3 左足の裏で軸足の
外側へボールを引く

4 左足のインサイドで
ボールをタッチ

☑ **軸足の位置をかえてリズムよくステップ！**

ボールタッチする足は、足の裏→インサイド。軸足の位置は、
ボールの後ろ→ボールの横（内側）にリズムよくステップする。
できるだけ立ち位置は変わらず、その場でできるようにとき
どき目線を上げて確認しよう。

#78 両足ドラッグシザーズ

インサイド→シザーズの連続で、フェイントに役立つ体の動きと足さばきを身につけよう。

1 右足のインサイドで内側へボールを押すようにタッチ

2 足は地面につけずに右足でシザーズ

コーチングアドバイス

インサイドでボールを内側へ運ぶときは、体を軸足の方向にかたむける。

インサイド→シザーズの流れは、スキップのように軸足で地面を外側へはねながら行うと、ボールを大きくまたぐことができる。

プレー動画は
こちらから

ここに注目！

**アウトサイドの
タッチに似せる！**

シザーズは、つま先を下
に向けてアウトサイドで
ボールをタッチするように
見せて、内側からまたぐ。

3 左足のインサイドで
内側へ押すようにタッチ

4 足は地面につけずに
左足でシザーズ

Chapter **3**

Advance（上級）

 ときどき目線をあげ、姿勢よく続ける

インサイド→シザーズをする足は、地面につけずに続けて行
う。反対の足（軸足）で横にステップしてボールの内側から
またぐようにする。姿勢が悪いとバランスをくずしやすくなる
ため、目線は前に置いて、姿勢よく行う。

#79 リバースカット・スラップ

リバースカット→スラップの流れをスムーズにつなげる。

1 右足のインサイドでボールをタッチ

2 左足のアウトサイドでタッチ

3 軸足の後ろから右足のアウトサイドでボールを止める

コーチングアドバイス

軸足の後ろから足をクロスさせてアウトサイドでボールを止めるのがリバースカット。そのときに、クロスする足のつま先を前に向けよう。

リバースカットでボールを止めるとき、アウトサイドのボールタッチは上から下へキュッとこするようにすると止りやすい。

プレー動画は
こちらから

ココに注目！

**うでを広げて
バランスを保つ**

横方向に大きく動くため、ボールタッチのときはその方向に重心を移動して、手を広げてバランスを保つ。

4 軸足（左足）を外側へステップ

5 右足の裏でボールを転がす（スラップ）

6 左足のインサイドで止めて、反対方向へくり返す

 リバースカットでボールを止める

横に移動しながら、軸足の後ろでボールタッチする「リバースカット」でボールをしっかり止める。一連のタッチをスムーズに流れるようにやろう。

プレー動画は
こちらから

#S03 3種一人リレー。 何秒でできるかな?

進め方

① スタート位置から2m離れたところにマーカーを置く。② スタート位置から3つの種目を行い、2m先のマーカーまで走る「一人リレー」。「トータップ」を10回行って、ボールを止めてから、マーカーまで走り、Uターンしてもどってくる。スタート位置で「スライド」を10回行って、ボールを止めてから、マーカーまで走り、Uターンしてもどってくる。スタート位置で「プルプッシュ」を10回行って、ボールを止めてから、マーカーまで走り、Uターンしてもどる。ボールの上に座って手を上げたら終了（＊数え方は右足で1回、左足で1回とする）。③ 3種目が終わるまで何秒かかるか計る。

アドバイス

① 焦らずにミスなく正確にタッチ。② ボールを止めたら、すばやく走り出す（止めたボールが動いていたら、仲間や計測者が元の位置にもどしてあげる。競技者はもどらなくてよい）。

参考ページ ≫≫≫ #02 トータップ (22 ページ)
#08 スライド (34 ページ) #44 プルプッシュ (108 ページ)

｜ココに注目！｜

マーカーもすばやく回る！

このトライアルはボールマスタリーと走るスピードが求められる。どちらも全力で行い、マーカーもすばやく回って、いい記録を残そう！

Master

（達人）

Chapter4 の
プレー動画を
一気にチェック！

矢印解説

 ボールの動き   ジャンプ   足の踏み込み

 人の動き   ボールタッチ

#80 両足ドラッグ Uターン・ビハインド

足の裏でボールを引っかくように扱うテクニック。軸足の周りでボールが前後に動くトリックワザだ!

1 右足のインサイドで軸足（左足）の前に押し出し

2 右足の裏でボールを止めたら

3 右足の裏で軸足（左足）の外側へ動かす

4 右足のインサイドでボールをタッチ

コーチングアドバイス

足の裏で引っかくようなタッチをしたら、ひざを軽く突き上げるようにするとスムーズに進む。

このメニューをマスターするには軸足の動きが重要だ。軸足はひざの曲げ伸ばしを意識して行う。

プレー動画は
こちらから

ココに注目！

**軸足はななめ前に
はねる！**

ボールを足の裏で引っかく
と同時に、軸足で地面をな
なめ前にはねるようにする
と、リズムよくできる。

5 左足のインサイドで軸足
（右足）の前に押し出し

6 左足の裏でボールを
止めたら

7 左足の裏で軸足（右足）
の外側へ動かす

8 左足のインサイドで
ボールをタッチ

☑ **軸足を十分に曲げてはね上がる！**

インサイドで軸足側にボールをゆっくり押し出すときに、軸
足を十分に曲げて、前にはね上がりながらボールを後ろに
引っかく。目線を前側に置き、ボールをよく見て、足の裏でボー
ルを動かす感覚をつかもう。

#81 片足インアウトロール・前後交差

インサイドとアウトサイドでボールをなでるようにタッチする「イン・アウトロール」を使ったレベルの高いメニュー。

1 右足の裏でボールを横に転がし

2 右足のアウトサイドで止める

3 そのまま内側に転がして

4 右足のインサイドで止める

コーチングアドバイス

軸足の後ろへボールを動かすときは、軸足を前にステップすることを意識しよう。

ボールの動きに合わせて同じタイミングで軸足もステップする。軸足ではねながらしっかりとバランスをとる。

プレー動画は
こちらから

ココに注目！

**うでを使ってうまく
体のバランスを保つ！**

軸足を細かく移動するために、足首とひざを柔軟に使う。うででもバランスを保つためには重要な役割となる。

5 右足の裏で軸足（左足）の後ろへ転がし

6 右足のアウトフロントを使って軸足の後ろで止める

7 そのままボールを引っかいて軸足の外側から前へ

8 右足のインサイドでボールをとらえて、くり返す

✅ **ボールタッチの足は地面につけずにバランスを保つ！**

ボールをタッチする足はずっと地面にはつけずに、軸足でつねに地面を軽くはねながらリズムよく続ける。そのため、バランスをくずさないように、うでを使って体のバランスをとるようにしよう。

#82 両足インアウトロール・前後交差

インアウトロールを両足交互に、軸足の前と後ろにボールをあやつることが必要なハイレベルスキル。

1 インアウトロール→足の裏でボールを左右に動かす

2 足の裏で軸足の後ろにボールを運ぶ

3 アウトフロントで止めて軸足の外側から前へ

4 同じ足でインアウトロール

コーチングアドバイス

ボールを動かすごとに、軸足で軽くはねながらステップする。

複雑なタッチだけど、ときどき目線をあげて、周りを見て、立ち位置などを確認できるようにしよう。

プレー動画は
こちらから

ココに注目！

**反対の足への
スイッチ**

アウトフロントの足のスイッチは、ひざを柔軟に曲げて、はね上がるとスムーズにできる。

5 足の裏で止めて、軸足の
後ろにボールを運ぶ

6 右足のアウトフロントで
ボールを止めて……

7 すぐに反対の足のアウト
フロントでタッチして前へ

8 左足でインアウトロールし、
一連の動きをくり返す

 細かいステップで、足からボールを離さない

やはり、このエクササイズのポイントは、反対の足へのスイッチがスムーズにできているか。そのためにもいいリズムでそこまで続けることが大切。軸足で細かくステップして、ボールが足から離れないようにしよう。

#83 ロールステップオーバー・リバース・ピン

足先のあらゆる部分を使ってボールを転がすトリッキーな動きを、得意技にできるまで何度でも挑戦してみよう！

1 左足のアウトフロントでボールを横に動かす

2 右足のアウトフロントで横に動かす

3 右足の裏でボールを止める

4 右足の裏で軸足（左足）の方向に動かす

コーチングアドバイス

アウトフロントのときは、つま先を内側に向けて、ボールのてっぺんをやさしくタッチする。

アウトフロントのタッチからボールを前に運ぶとき、大きくジャンプしながら足を踏みかえる。

プレー動画は
こちらから

ココに注目！

**ひざを
柔らかく使う！**

軸足の後ろでアウトフロントのタッチをするときは、ひざの動きを柔らかくして体のバランスを安定させる。

5 右足のアウトフロントで横に動かす

6 左足のアウトフロントで横に動かす

7 左足の裏でボールを止め

8 左足の裏で軸足（右足）の方向に動かす

 まずはゆっくり、ていねいに行う

ひざを柔軟に使ってバランスをとり、まずはワンタッチごとにゆっくり、ていねいに行いすべての動きが流れるように連続してできるようになろう。少しずつスピードを上げていき、変幻自在なボールタッチで相手をほんろうしよう！

#84 テイクストップ・スキップ

ボールを足の裏で止めると同時に反対の足のインサイドでタッチする必要がある。一連の動きをスムーズにできるようになろう。

1 右足のアウトサイドで ボールを外側へタッチ

2 右足の裏でボールを止めて はね上がる

3 左足のインサイドで タッチ

4 右足のインサイドで ボールを止める

コーチングアドバイス

ボールを足の裏で止めたら、軸足でスキップするようにはねながらインサイドでやさしくタッチ。

はねながらインサイドでタッチしたら、反対の足のインサイドですばやくタッチして止めるイメージ。3つの連続タッチをスムーズにできるようにしよう。

プレー動画は
こちらから

ココに注目！

**足の裏でタッチ
したら外側へ開く**

足の裏でタッチした足は、
地面につけずにそのまま外
側へ開いて、スキップタッ
チの次のタッチを受ける。

5 左足のアウトサイドで
ボールを外側へタッチ

6 左足の裏でボールを止めて
はね上がる

7 右足のインサイドで
タッチ

8 左足のインサイドでタッチ

Chapter **4**

Master（達人）

 4つのタッチを流れよく行う

アウトサイドからはじまる4つのタッチの流れを止めることな
く、連続して行う。ポイントは足の裏でボールを止めたあと、
足を地面につける前に反対の足のインサイドでタッチするこ
と。

#85 スラップ・リバース カット・ロールアウト

スラップ→リバースカット→ロールアウトを連続して行う。足を交差させながらアウトサイドカットをする動きがスムーズに行うためのカギとなる。

1 右足でスラップし地面に着地したら

2 左足をボールより前側にステップ

3 足を交差させて、右足でアウトサイドカット

コーチングアドバイス

スラップしたあと、反対の足はボールより前側に着地する。そうすると、足をクロスしながら行うアウトサイドカットがスムーズにできる。

ロールアウトの動きを行うと同時に、軸足で軽くはねるとよいリズムが生まれる。

プレー動画は
こちらから

ココに注目！

アウトサイドカットの前は？

ボールを体の下へ通すイメージでまたぐと、足をクロスしてのアウトサイドカットがやりやすい。

4 左足を外側にステップ

5 右足でロールアウト

 3つの注意点を意識しよう！

ときどき目線を上げる。スラップしたあとの軸足位置をボールより前側に運ぶ。ロールアウトしていない側の足を軽くはねる。これらの注意点を意識しながらスムーズに行う。

Chapter **4**

Master（達人）

#86 ドラックプッシュ・ストップスキップ

ドラックプッシュをするときも、ストップスキップをするときも、軸足で軽くはねながら連続してボールタッチ！

1 外側にはねながら、右足のインサイドで「ドラック」

2 すぐに右足のアウトサイドで外側へ「プッシュ」

3 右足の足の裏でボールを「ストップ」

コーチングアドバイス

ドラッグプッシュをするとき、軸足のひざを柔軟に曲げ伸ばしすること。バネのように使うことで、次の動きがスムーズにできる。

ドラッグプッシュするアウトサイドタッチのあと、同じ足の裏ですぐにボールを止めよう。

プレー動画は
こちらから

ココに注目！

軸足を軽くはねる動き

ドラッグプッシュも、ストップスキップも軸足を軽くはねる動きをする必要がある。

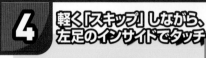

4 軽く「スキップ」しながら、左足のインサイドでタッチ

4 続けて右足のインサイドでタッチ

Chapter **4**

Master（達人）

  インサイドのタッチはやさしく。

「ドラックプッシュ」のあと、すぐに足の裏でボールをストップさせて、ボールにのるようにはね上がって「ストップスキップ」。そのときのインサイドのタッチが強すぎないように気をつける。

197

#S04 4種一人リレー。何秒でできるかな?

プレー動画は
こちらから

進め方

① 3m 間隔でボールを2つ置く。② 右のボールからスタート。③ その場で「両足プルプッシュ V ビハインド」を 10 回行い、ボールを止めて、左のボールへダッシュ。その場で「変則ソールタップ」を 10 回行い、ボールを止めて、右のボールへダッシュ。その場で「プルプッシュ・インサイド」を 10 回行い、ボールを止めて、左のボールへダッシュ。その場で「テイクシザーズ」を 10 回行い、ボールを止めて、ボールの上に座り、手を上げたら終了。(＊数え方は右足で1回、左足で1回とする)。④ 4種目が終わるまで何秒かかるか計る。

アドバイス

① 一つひとつをあせらず、ていねいに行う。② ボールを止めたら、すばやく走り出す (止めたボールが動いていたら、仲間や計測者が元の位置にもどしてあげる。競技者はもどらなくてよい)。③ ミスをしても最後まであきらめない。

参考ページ ≫≫≫ #28 両足プルプッシュ V ビハインド (76 ページ)
#42 プルプッシュ・インサイド(104 ページ)　#16 テイクシザーズ(50 ページ)

｜ココに注目！｜

得意なメニュー4つでもトライ

4種目の組み合わせは自由。プレーする順番を変えたり、自分の得意なボールマスターを4つ選んだりして、最高記録にチャレンジしてみよう!

Chapter 5

Combination

（コンビネーション）

Chapter5 の
プレー動画を
一気にチェック！

矢印解説

 ボールの動き　 ジャンプ　 足の踏み込み

 人の動き　 ボールタッチ

#C01 トータップ→ソールタップ→スライド

左右の足で交互にボールタッチする。インサイドのタッチから、足の裏でボールを押し出す。さらに、ボールを外側に転がすスライドをする。

1 右足のインサイドでボールタッチ

2 次は左足のインサイドでタッチ

3 右足の裏でボールのてっぺんをタッチ

4 続けて、左足の裏でボールのてっぺんをタッチ

コーチングアドバイス
ボールがその場から動かないように、足の裏でやさしくタッチしよう。

プレー動画は
こちらから

ココに注目！

**反対の足も
リズムよくステップ！**

左右の足で交互にボール
タッチして、反対の足もつ
ま先立ちでリズムよくはね
るようにステップをする。

5 右足の裏をボールの上に
のせて、外側へすべらす

6 右足のインサイドで
ピタッと止める

**コーチング
アドバイス**

インサイドでボー
ルを止めるが、足
の動きは止めずに
スムーズに続ける。

7 左足の裏をボールの上に
のせて、外側へすべらす

8 左足のインサイドで
ピタッと止める

Chapter **5**

Combination（コンビネーション）

201

#C02 トータップ→スラップ→スライド

左右の足で交互にインサイドでボールタッチ。次は足の裏でボールを軸足の方向へ運ぶ。さらに、同じ足でボールを外側へすべらせてスライドを行う。

1 右足のインサイドでボールタッチ

2 次は左足のインサイドでタッチ

3 右足の裏でボールをとらえる

4 足の裏でボールを左方向に転がす

コーチングアドバイス
利き足からスタートするとスラップ→スライドも利き足でできる。

プレー動画は
こちらから

ココに注目！

ボールタッチしたら地面につける！

ボールを1回、1回タッチするたびに、足を地面につけるように意識すると、次のタッチがスムーズにできる。

---

5 スラップした足を地面に着地させる

コーチングアドバイス

スラップしたあと、足をボールの先に着地すると、次のスライドがやりやすい。

6 もう一度、右足の裏でボールをとらえる

コーチングアドバイス

動いているボールを足の裏でとらえるとき、ボールの位置に合わせて軸足も動かして、体の下でとらえる。

---

7 右足の裏でボールを外側へすべらせる

8 右足のインサイドでピタッと止める

トータップ→ダブルスラップ

左右の足で交互にインサイドでボールタッチ。次も左右の足の裏で交互に連続してボールをスラップする。

1 右足のインサイドでボールタッチ

コーチングアドバイス

ときどき目線を上げて、姿勢よく続ける。

2 次は左足のインサイドでタッチ

3 右足の裏でボールをとらえる

4 足の裏でボールを左方向へ転がす

プレー動画は
こちらから

ココに注目！

**2回目の
スラップに注意！**
転がっているボールを足
の裏でキャッチしてスラッ
プするのは少し難しいた
め、ていねいにタッチ！

---

5 スラップした足を
地面に着地させる

6 左足の裏でボールを
とらえる

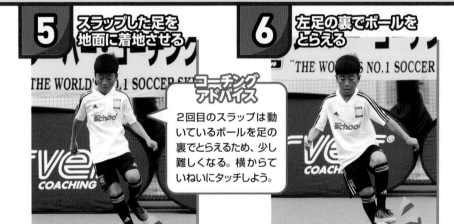

**コーチング
アドバイス**

2回目のスラップは動
いているボールを足の
裏でとらえるため、少し
難しくなる。横からて
いねいにタッチしよう。

7 左足の裏でボールを
右方向へ転がす

8 スラップした足を
地面に着地させる

Chapter **5**

Combination（コンビネーション）

205

#C04

アウト→イン→ステップオーバー

片方の足でアウトサイド→インサイドでボールを連続してタッチ。すぐに反対の足でステップオーバーしたら、今度は反対の足でも同じようにタッチする。

1 左足のアウトサイドでボールをカット

2 同じ足のインサイドでカット

コーチングアドバイス

イン・アウトでボールをしっかりカットする。タッチの強さに気をつけよう。

3 同時に右足でステップオーバー

4 右足を一度地面に着地してから……

プレー動画は
こちらから

ココに注目！

**体から離れない
ようにカット！**

イン・アウトのボールタッチ
が体から離れないようにカッ
トして、そこからステップオー
バーで足を入れかえる。

5 すぐに右足の
アウトサイドでカット

**コーチング
アドバイス**

ステップオーバー
して、体が外側に
流れずに、すぐに
アウトサイドカット
で内側へもどる。

6 同じ足のインサイドで
カット

7 同時に左足で
ステップオーバー

8 左足を地面に
着地させて、くり返す

#C05 トータップ→スラップ →ストップスキップ

トータップからスラップして、足の裏でボールを止めてストップスキップで連続タッチ。

1 左足のインサイドから トータップ

2 右足のスラップで横へ 運ぶ

3 左足の裏でボールを 止めて、軸足ではねる

4 右足のインサイドで タッチ

コーチング アドバイス

ボールの動きと一緒に、軸足もステップさせ、体の真下でボールタッチできるようにしよう。

プレー動画は
こちらから

ココに注目！

**スキップしながら
連続タッチ**

足の裏でボールを「ストップ」させ、はね上がり「スキップ」するようにインサイドの連続タッチ。

5 すぐに左足の インサイドで止めて……

6 右足のインサイドから そのままトータップ

7 スラップして……

**コーチング
アドバイス**

スラップの横移動の加減に気をつけて、体から離れないように次の足の裏のタッチがやりやすい位置に運ぶ。

8 ストップスキップ。 くり返し行う

Chapter **5**

Combination （コンビネーション）

#C06 スライド→プルプッシュ・ビハインド→ストップスキップ

スライドから、軸足の後ろへ通すプルプッシュ・ビハインド。ボールを前に運びストップスキップで連続タッチ。

1 右足の裏で外側へボール動かすスライド

2 右足のインサイドでもどす

3 左足の裏でボールを引いて

4 左足のインサイドで軸足の後ろを通して前へ

コーチングアドバイス

ボールタッチと同時に、軸足を前にステップして、かかとの後ろを通して前へ運ぶ。

ココに注目！

テンポよくやろう

複雑な動きの流れで、タッチの方向と強弱に気をつけながらテンポよく行う。

5 右足の裏でボールをタッチしながら軸足ではねる

6 はねながら左足のインサイドでタッチして

7 右足のインサイドでタッチ

8 左足の裏でスライドして、くり返す

コーチングアドバイス

足の裏でのタッチは軸足のひざを柔軟に使って、どの方向にも運べるようにしよう。

#C07 両足ウィップ→ストップスキップ

左右の足でアウトサイド→インサイドの横へのタッチ「ウィップ」から、「ストップスキップ」で決める!

1 右足のアウトサイドでボールの側面をカット

2 右足のインサイドでやさしくカット

コーチングアドバイス

アウトサイド→インサイドのタッチはボールの側面をやさしくカットする。

3 左足のアウトサイドでボールの側面をカット

4 左足のインサイドでやさしくカット

プレー動画は
こちらから

ココに注目！

**細かくステップしながら
やさしくタッチ**

1回、1回ボールをやさ
しくタッチして、同時に
反対の足（軸足）で細か
くステップする。

5 右足の裏でタッチして、軸足（左足）ではねる

**コーチング
アドバイス**

足の裏でボールの
てっぺんをタッチ
し、のるようにして
軸足ではねる。

6 左足のインサイドでタッチして……

7 右足のインサイドでもうワンタッチ

8 左足のアウトサイドでカットして、くり返す

#C08 プルプッシュ・ビハインド→スラップカット→ステップオーバー・プルスルー

足の裏、インサイド、アウトサイド、インステップ。足の全ての面を使って大きく横移動するパーフェクトタッチを目指せ!

1 右足の裏でボールをタッチ

2 足の裏でボールを引いて、軸足の後ろへ通す

3 左足の裏でボールを止める

4 足の裏でボールのてっぺんからなで下ろす

コーチングアドバイス

「スラップカット」は足の裏でボールてっぺんをタッチして、そこから側面にそって足がボールから離れないように地面に下ろす。

プレー動画は
こちらから

ココに注目！

時間差フェイント！

ステップオーバーする足
（インサイド）でボールを
触るように見せて、時間
差で反対の足でタッチす
るフェイント。

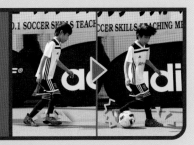

5 左足を軸足にして、右足でステップオーバー

**コーチング
アドバイス**

「スラップカット」し
た足はそのままに、
反対の足でボール
をまたぐステップ
オーバー。アウトフ
ロントで前の足の
外側へボールを押
し出す。

6 同時に左足のアウトフロントでボールを横へタッチ

7 ボールは軸足（右足）の外側を通し、左足を前に回す

8 左足の裏でボールをキャッチ。またくり返し続ける

#C09 アウト→イン→シザーズ

アウトサイド→インサイドのボールタッチから、もう一度アウトサイドでタッチするとみせて、ボールをすばやくまたぐ!

1 左足のアウトサイドでボールをタッチ

2 左足のインサイドでタッチ

3 左足でボールの内側から外側へ大きくまたぐ

4 左足を地面につく

コーチングアドバイス

またいだ足を外側について、すぐに反対の足のアウトサイドでボールタッチできるように体勢を整える。

プレー動画は
こちらから

ココに注目！

**アウトでタッチする
ようにまたぐ**

アウトサイド→インサイド、
もう一度アウトサイドでボー
ルタッチするようにボールの
近くまで足を運んでまたぐ。

---

5 右足のアウトサイドで
タッチ

6 右足のインサイドで
タッチ

---

7 右足でボールを低く、
大きくまたぐ

**コーチング
アドバイス**

シザーズでボール
をまたぐときは、
足をすばやく、低
く、大きく回すと
次のタッチがス
ムーズにできる。

8 右足を地面につけて、
くり返す

#C10 イン→アウト→スラップ

インサイド→アウトサイドでボールをタッチして、足の裏でボールを横に大きくスラップする。細かいサイドステップでスムーズにボールを運ぶ。

1 右足のインサイドでボールをカット

2 右足のアウトサイドでカット

コーチングアドバイス

インサイド→アウトサイドでしっかりボールをカットする。タッチの強さに気をつけよう。

3 右足の裏でボールを内側へスラップ

4 スラップした足を地面につける

プレー動画は
こちらから

ココに注目！

**スラップした足は
ボールの横に！**

スラップした足をボールの
横についてすばやく軸足
を踏みかえると、次のタッ
チがスムーズにできる。

---

5 左足のインサイドで
ボールをカット

**コーチング
アドバイス**

ときどき目線
を上げる。

6 左足のアウトサイドで
カット

---

7 左足の裏でボールを
内側へスラップ

**コーチング
アドバイス**

スラップはボールの
てっぺんからではな
く、少し外側からイン
サイド→足の裏
でタッチするように
横へなでる。

8 右足のインサイドで
カット、くり返し続ける

Chapter **5**

Combination（コンビ
ネーション）

撮影
協力

池之迫 良佑
小学5年生

石井 龍空
小学3年生

伊藤 海
小学6年生

大津 昇也
小学6年生

押澤 琉煌
小学4年生

小野 杖士
小学5年生

角谷 謙心
小学5年生

川又 煌生
小学5年生

切刀 有紗
小学5年生

佐久間 優斗
小学4年生

耕田 柚月
小学4年生

髙瀬 健太
小学 5 年生

鶴目 健吾
小学 4 年生

浪井 雅治
小学 5 年生

橋 奏良
小学 5 年生

播木 岳人
小学 3 年生

古野 恵太
小学 5 年生

村田 篤斗
小学 5 年生

村松 敬太
小学 5 年生

撮影場所

クーバー・フットボールパーク横浜ジョイナス
クーバー・コーチング・サッカースクールジョイナス校
※選手の学年は 2022 年 4 月現在

おわりに

　ボールマスタリーは選手に5つの効果をもたらします。一つ目はボールフィーリングがよくなることです。どれくらいの強さでタッチしたら、どのくらいボールが動くのかといった感覚をやしなうことができます。

　二つ目は両足を同じだけ使うことで、自然と両足のスキルアップにつながることです。幼いころからどちらも差をつけず練習し、両利きの選手になることを目指します。

　三つ目はコーディネーション能力の向上に役立つことです。ボールマスタリーは、さまざまなリズム・テンポや片足立ちのエクササイズばかりです。リズム感やバランス感覚などを育むことができます。

四つ目は関節の柔軟性が高まることです。足首やひざを曲げ伸ばしをスムーズにし、体にいろいろな動きをおぼえさせることができます。

　　五つ目はフットワークの軽やかさとフットスピードの速さを獲得できることです。右足から左足、左足から右足などすばやく足をさばく練習を通して得ることができます。

　　幼いころにボールマスタリーをすることで身につけた感覚や体の動きは、誰にも奪われることのない一生の宝となっていくことでしょう。

クーバー・コーチング・ジャパン

ライティング・写真　松岡健三郎
装丁デザイン　山内宏一郎（SAIWAI design）
本文デザイン・DTP　松浦竜矢
写真　Getty Images
動画撮影・編集　中丸陽一郎
編集　高橋大地（株式会社カンゼン）

ジュニアサッカー
クーバー・コーチング
キッズのトレーニング集
ボールマスタリー 100

発行日	2022年7月4日　初版

著者	クーバー・コーチング・ジャパン
発行人	坪井義哉
発行所	株式会社カンゼン
	〒101-0021
	東京都千代田区外神田 2-7-1 開花ビル
	TEL 03（5295）7723
	FAX 03（5295）7725
	https://www.kanzen.jp/
	郵便為替 00150-7-130339
印刷・製本	株式会社シナノ

本書に関するご意見、ご感想に関しましては、kanso@kanzen.jp まで E メールにてお寄せください。
お待ちしております。